遠距考古課

不熱、不累、不出門，宅宅的古文明遊玩攻略

陳深名——著

目錄

目錄

歐洲考古大發現

美洲考古大發現

前言

地球存在至今已有四十六億年了，而人類生活在地球上也已有兩百多萬年。但是，人類文明的發展僅始於一萬年前，而有文字記載的文明史更是只有五千年。斗轉星移，歲月流逝，其間消亡了多少生命，又湮滅了多少故事。

在不安和騷動中，歷史不斷前行。許多往事隨著一個個王朝的更迭、一代代人的消亡煙消雲散，許多故事在口耳相傳的歲月中逐漸變形，曾經鮮活的生命也日漸黯淡在時間的長河裡。當我們試圖在故紙堆中尋找曾經的真相時，可能會驚訝地發現：因一代代君主和文人的好惡，這些歷史已被修改得面目全非。

那麼，面對虛無縹緲如未來一般的過去，我們要到哪裡去尋找真實的過往呢？誰又能向我們重現歷史的真相？

也許，我們能幫助你找到答案。你可曾想過，沉睡千年的祕密也許就埋藏在你的腳底下。人也許會虛偽、會撒謊、會作假，但石頭、樹木不會，躺在墓穴裡的靜靜的陪葬品不會，長埋廢墟千年的雕像也不會……當一座座墓穴上塵封的泥土被撥開時，或已遠去或早已被遺忘的那些人，及其引人遐想的生活，便會穿越時空，在我們眼前重現。一座座或大或小的墓穴中，掩埋著我們逝去的先人，這是他們曾經生活的折射，也是遙遠而神祕的遠古社會的濃縮。那些完美的雕像，像是在告訴你「我是埃及豔后克麗奧佩脫拉的祭司」；那些逼真的頭蓋骨，似乎在傾訴「我是五十萬年前艱難生存的北京猿人」；甚至連那一塊不起眼的牆磚，彷彿也在驕傲地說「我是古老的特洛伊城牆，見證過海倫驚世的容顏」……所有這些，都是對光輝燦爛的古代文明的痕跡，是對那些或家喻戶曉或不見經傳的人物，以及他們那些或耳熟能詳或鮮為人知故事的見證。

本書以亞洲、非洲、歐洲、美洲為分界點，對世界考古的重大發現致以生動傳神的解說，力求重新再現歷史文明，再次演繹古老傳說。

印度河流域中，有「天堂後花園」之稱的摩亨佐·達羅，是怎樣在頃刻灰飛煙滅，成為一片「死亡之丘」的？隱藏著食人怪物的克諾索斯王宮，又是如何被地震和滔天洪水在一夜間摧毀的？雨林深處的馬雅文明，其驚人的天文曆法是否昭示了與外星球不為人知的聯繫？離奇死亡的法老圖坦卡門，陪葬的花環，穿越千年之詛咒，為何如此傷感而恐怖？是誰在因絕世美女海倫而淪為廢墟的特洛伊城的牆頭上哀唱古老的輓歌？復活節島上的巨石像遙望遠方，是在向世人訴說著什麼？被火山灰掩埋的龐貝古城，霎時凝結的時光，蘊含著怎樣的歎息？失落的馬丘比丘，又經歷過風雨怎樣的沖刷？

這些文明奇蹟，是歷史長河中的絕唱，即使經歷漫長而殘酷的歲月洗禮，即使被遺忘數千年，當它們再度被發現時，仍然是那麼璀璨並令人驚歎稱奇。而只要以考古發掘為依據，這些曾經撲朔迷離的過往將不再神祕。我們可以透過科學重讀先人的思想，透視發達的古代文明，收穫心靈的愉悅與知識的富足！

亞洲考古大發現

死亡之丘摩亨佐．達羅

摩亨佐．達羅位於今巴基斯坦信德省拉爾卡納縣境內，是印度河流域最大的文明古城，大約在三千六百年前的某天，幾乎在同一時刻，這座遠古城市裡的居民全部死去，古城也隨之突然毀滅。印度考古學家於一九二二年發現了該城遺址。由於城中到處都布滿了骷髏，因此也被稱為「死亡之丘」。

無意之中發現古城遺址

一九二二年，幾名印度的考古隊員偶然來到了位於巴基斯坦拉爾卡納縣南部。在一座半圓形的佛塔廢墟裡，他們無意中找到了幾塊石製印章。在這些奇怪的印章上面，刻有很多動物的圖形和他們不認識的文字。他們當時也許未曾想到，就在這片被當地人稱為「死亡之丘」的荒漠下，埋藏著一座沉睡千年的古城。

幾個考古工作隊在接下來的幾十年中相繼來到這裡，透過發掘和整理，終於發現了這座重要的古代城市廢墟，這就是標誌著「印度河文明」的古城——舉世聞名的摩亨佐．達羅。

在西元前三千年到西元前一七五〇年的青銅器時代，摩亨佐．達羅是一座世界名城。學者大多認為，這個城市的居民叫達羅毗荼人（Dravidian），是世界上最早種植棉花並用棉花織布的民族之一。此外，他們還創造了具有獨特結構的文字，發明了相當精密的度量衡方法，建立了先進的城市，並與其他各民族有廣泛的貿易往來。

但是，摩亨佐．達羅城為何會最終衰落，甚至葬身黃沙之下呢？考古學家、歷史學家以及古文字學家等透過對古城遺址和大批石製印章、陶器、青銅器皿等文物的發掘，逐漸揭開了古城的祕密。

還原摩亨佐．達羅城

研究發現，這座古城最早是一些小村莊，後來逐漸擴大並連在一起形成了一個城市。古城城牆高大，街道寬闊，居民約數萬人。城裡有十分整齊的街道，大部分都是東西向和南北向的直路，成平行排列，或直角相交。有寬達十公尺的主街道，還有下水道，由拱形磚砌成一個獨特的排水系統。

城裡的建築物均用火磚砌成，人們在這裡可以看到五千年前留下來高達七公尺半的斷垣殘牆。城內有大小不等的住宅，小的住宅只有兩間房，大的有大廳和許多間房屋。凡是多房間的住宅，都有幾間面向中央的庭院，另有一扇通向小巷的側門。在這些住宅中間，有一幢包括許多間大廳和一個儲存庫的建築物最為突出，當時摩亨佐．達羅城的國王或首領可能居住於此。

另外，古城裡有不少雙層房屋，下層是廚房、洗澡間，上層是臥室，這些住宅顯然是屬於有錢人家。不過，目前還沒有發現哪座建築是宮殿或神殿。古城裡還發現一些小型裸體人像，帶有很多裝飾品，據推測這可能是一種吉祥的象徵物。

城裡最突出的一個建築物就是一個大澡堂，可知城裡的居民都很愛乾淨。澡堂裡有一個呈長方形的大浴池，長四十公尺，寬約二十公尺。浴池有階梯分布在南北兩端，一條一人高的排水溝可隨時把廢水排出浴池。澡堂的一個房間裡還有一口，可能是為浴池供水的橢圓形水井。浴池底部和四周的磚塊均用石膏灰漿砌合而成，外面還塗了一層瀝青，然後再砌一層磚塊，以防漏水。浴池北面有一連串的小浴室，每個浴室中都有一個高平臺放置水罐，估計是作熱水浴之用，此外還有房間作為其他用途。這座大澡堂標誌著摩亨佐．達羅人極度重視衛生，這種現象也是首次見於歷史。

考古人員在摩亨佐．達羅古城遺址中還發現了大量的石製印章。這些印章雕刻技藝精湛，不僅可視為一種工藝品，更是研究人類古代文明最珍貴的文獻資料。因為在這些印章上刻有牛、魚和樹木等圖形文字，很像古埃及的象形文字和蘇美人的楔形文字。遺憾的是，至今也沒人能讀懂這些「天書」。

史學家認為，在摩亨佐．達羅郊外，也曾長滿鬱鬱蔥蔥的茂盛草木。與尼羅河一樣寬闊古老的印度河，不僅使這裡的千里沃野得以灌溉，也孕育了人間的文明。只是到了後來，因為過度放牧和種植，生態平衡遭到破壞，植被稀疏，表土裸露，經陽光強烈照射，水分迅速蒸發，然後隨風吹蝕，使得這裡最終淪為一片沙洲。

「死亡之丘」的死亡之謎

考古人員在對摩亨佐．達羅的發掘過程中，發現了許多人體骨架。從姿勢的擺放來看，有的人正在散步，有的人正在家休息，全城的居民彷彿是在同一時刻突然死去，一座繁華的城市也變成了廢墟。導致摩亨佐．達羅古城瞬間消失的究竟是什麼原因呢？對此，科學家們從不同角度做了種種推測。

有學者從生態學和地質學的角度出發，認為可能是因遠古印度河床的改道、河水氾濫、地震以及由此而引起的水災導致了「死丘事件」。位於河中央島上的古城被特大的洪水摧毀，城內居民也同時被洪水淹死。但有人對這種觀點持反對意見，認為若真是由於洪水襲擊的緣故，城內居民的屍體應隨洪水漂走才對，不會有如此大量的骷髏保存下來。而在古城廢墟裡，考古學家也沒有發現任何證據，證實該城的確遭受過特大洪水的襲擊。

還有人猜測，造成全城居民死亡的原因，可能是由於城裡發生了一次急性傳染疾病。然而這一說法也有漏洞，因為無論疾病多麼嚴重，也不可能幾乎在同一天同一時刻，使全城的人全部死亡。而古生物學家和醫學家經過研究，也否定了因病傳播而導致死亡的說法。

科學家在對「死丘事件」的研究中，又發現了一種奇特現象，即在城中發現了明顯的爆炸留下的痕跡，爆炸中心的建築物全部夷為平地，而且破壞程度由近及遠逐漸減弱，得以倖存的只有邊遠的建築物。而考古人員也在廢墟中央發現了一些由黏土和其他礦物燒結而成的散落的碎塊，透過實驗，研究人員證明：廢墟當時的熔煉溫度高達攝氏一千四百度到一千五百度，只有在冶煉場的熔爐裡或持續多日的森林大火，才能達到這樣的溫度。然而，島上從不曾有過森林，因此只能推斷這一切可能源於一次大爆炸。

其實，在印度歷史上曾流傳過一個傳說：遠古時發生過一次奇特大爆炸，許多「耀眼的光芒」、「無煙的大火」、「紫白色的極光」、「銀色的雲」、「奇異的夕陽」、「黑夜中的白晝」等描述，都可佐證這裡可能有一次核爆發生。然而人類直到第二次世界大戰末期才發明、並使用第一顆原子彈，而遠在距今三千六百多年前，怎麼可能有原子彈呢？

有人據此認為，這場爆炸可能源於宇宙。因為大氣層在宇宙射線和電場作用下，會形成一種化學性能非常活潑的微粒，在磁場作用下，這些微粒聚集在一起並變得越來越大，從而形成大小不等、許多球形的化合物。而在形成這種化合物的大氣條件同時，還會有大量有毒物質產生，累積一多便會發生猛烈的爆炸。爆炸時的溫度可高達攝氏一千五百度，連石頭都足以融化。而摩亨佐．達羅遺址中的發掘物恰好與這個數字相一致。據推測，摩亨佐．達羅可能是先被有毒空氣襲擊，繼而又被猛烈的爆炸徹底摧毀的。

不論古城的毀滅是何種原因導致，這些謎底都深藏在神祕的「死人之丘」底下。遺憾的是，解開這些歷史懸案的希望隨著歲月的流逝，洪水的沖刷以及鹽鹼的腐蝕也變得越來越渺茫了。

歷史側影——消逝的巴米揚

阿富汗在歷史上曾經是古代絲綢之路的必經之地，而巴米揚則是其中的一個歷史文化重鎮。巴米揚地處連接印度、西亞與中亞的交通要道上，曾是東西方文化的交匯地。中國唐代著名僧人玄奘，就曾從長安途經巴米揚到印度求法。在《大唐西域記》中，他將巴米揚譯作「梵衍那國」，並對王城中的佛教寺院和高大精美的佛像作了詳細記錄。今天已經遭受滅頂之災的巴米揚石窟群和東西大立佛，應該就包括在玄奘法師親眼所見的梵衍那國的寺廟和佛像。

巴米揚石窟坐落於今阿富汗中部巴米揚城，北興都庫什山區海拔兩千五百九十公尺的小河谷中，其北是興都庫什山的支脈代瓦傑山，其南是巴巴山脈，兩山之間，有巴米揚河從中流過。在代瓦傑山南面的斷崖上，巴米揚石窟就開鑿於此。

巴米揚石窟擁有兩項世界之最——其一，現存最大的佛教石窟群是巴米揚石窟；其二，世界上最高的古代佛像是巴米揚大佛。巴米揚石窟全長一千三百多公尺，有大大小小七百多個洞窟，遠大於中國新疆拜城的克孜爾石窟和甘肅敦煌的莫高窟。

兩尊高大的立佛像在巴米揚石窟群中最引人注目，他們分別開鑿在東段和西段，相距約四百公尺，俗稱「東大佛」和「西大佛」。東大佛建於西元一世紀，高三十八公尺，身披藍色袈裟，名叫Shahmama；西大佛建於西元五世紀，高五十五公尺，身披紅色袈裟，其臉部和雙手均塗有金色，名叫 Solsol。中國晉代高僧法顯和唐代高僧玄奘，曾於西元四世紀和七世紀先後到過此地，並在各自的著作《佛國記》和《大唐西域記》中，生動地描述過巴米揚大佛。在兩尊佛像的兩側，均有高達數十公尺的暗洞，可以拾級而上，直達佛頂，可供百餘人站立於其上平臺處。

巴米揚大佛約建於西元四世紀至五世紀間，至今已有一千五百多年的歷史。巴米揚石窟建成後的數百年間，飽經戰火的摧殘，有記載的大規模破壞共有四次。第一次發生在八世紀，阿拉伯帝國的軍隊征服巴米揚期間；第二次是在十三世紀初，成吉思汗率蒙古大軍踏上這塊土地；第三次是在十九世紀，帝國主義將戰火燒到阿富汗領土時，英軍占領了巴米揚，炮擊了巴米揚石窟的兩尊大佛，從此巴米揚大佛滿目瘡痍，肢體殘斷；第四次，二〇〇一年三月，阿富汗武裝派別塔利班（Taliban）置聯合國和世界各國的強烈反對於不顧，動用大炮、炸藥及火箭筒等各種戰爭武器，將巴米揚包括 Solsol 和 Shahmama 在內的所有佛像全部摧毀。

如今的巴米揚佛像群已是一片淒涼，只有佛像形狀的石窟和佛像的殘骸存留於山崖下，碎石和黃土塊遍布石窟外。佛像不見了，但仰頭而望，當年的壯觀景象仍不難想像。

婆羅浮屠塔

婆羅浮屠位於印尼中爪哇日惹市西北約四十公里處，默拉皮火山（Merapi）的一個山丘上，以精美的浮雕聞名於世。

引人注目的巨大建築

如果將婆羅浮屠的全部浮雕連接起來，其長可達三千多公尺，是世界上最大的實心佛塔，被譽為「石頭上的畫卷」。它遠含青山，近擁碧翠，默拉皮火山位於其東南，海拔三千一百五十公尺，高居於群山之上。登臨塔頂，可遠望印度洋海面之煙波浩淼。「婆羅浮屠」為梵文音譯，意為「山丘上的寺院」。素有印尼金字塔之稱的婆羅浮屠又稱「千佛壇」，寺院中最為引人注目的建築是高大的佛塔和神壇。

婆羅浮屠整個建築由玄武岩石塊砌成，約兩百多萬塊，總計五萬五千立方公尺。其建築材料取自附近的安山岩和玄武岩，完全由岩石經切割後堆砌而成而未使用任何接合劑。佛塔的基座呈四方形，邊長一百一十二公尺；臺基由五層方臺組成，面積依次遞減，每邊都有數層曲折；方形臺由三層圓臺組成，亦呈依次遞減，頂端為一座巨大的鐘形堵波。從地面至塔尖，總高度可達四十公尺。方形臺的各層，在主壁和欄楯間有四條迴廊，迴廊兩壁上為長達兩千多公尺的連續浮雕，有一千四百六十幅敘事浮雕和一千兩百一十二幅裝飾浮雕。

這個大乘佛教藝術古建築，與中國的長城、埃及的金字塔、柬埔寨的吳哥窟齊名。聯合國教科文組織於一九九一年將其作為文化遺產，列入《世界遺產名錄》。

婆羅浮屠的發掘與修整

誰都未曾想到，這座如今看來輝煌壯麗的「千佛塔」，竟在熱帶雨林的石塊和野草中荒廢了八百多年。直到近代，才被西方的科學家或探險家重新發現。

一八一四年，湯瑪斯．史丹福．萊佛士爵士（Sir Thomas Stamford Bingley Raffles）——當時的英國駐爪哇總督（另一資料說是拿破崙戰爭中英國遠征軍的一位軍官）在無意當中發現了該塔，並清除了周圍的碎石和雜草，人們才重新認識了婆羅浮屠。

一八八五年，「隱基腳」——原始塔底以及為防止建築物倒塌而修建的擋土牆後面的淺浮雕（據說淺浮雕是表現人間慾望的圖像）被考古學家發現。

一九〇七到一九一一年，荷蘭考古學家希歐多爾．范．埃爾普開始對婆羅浮屠塔進行第一次修復工作。三個圓臺和窣堵波得以拆除或重建。

一九五五年，印尼請教科文組織就防止遺址倒塌的問題提出了措施。

一九七二年，為拯救這一古蹟，聯合國教科文組織向國際社會發出呼籲，很快就有二十七個國家對此做出了響應。

一九七五年到一九八二年，印尼專家與聯合國教科文組織及其二十七個參與國家合作，對婆羅浮屠塔開始進行修復工作，借助於電腦技術將石塊復位，在十年時間裡總共搬運了一百多萬塊石頭，這個世上最大的佛殿——一本用石頭寫的佛學教科書，至此才得以重現舊貌。

目前人們看到的是有九層的婆羅浮屠塔，但實際上它共有十層。在各方形層的欄杆上，每隔一定距離都配置一個向外的佛龕，共四百三十二個，各有一尊佛像安置在每個佛龕內。格子形鏤空小塔並列於圓形層各層，計下層三十二座，中層二十四座，上層十六座，共七十二座，彷佛眾星捧月一般圍繞著中心大堵波。小塔內也置有佛像，以東南西北不同方向給予不同的命名，而且佛像的面部表情及手臂、手掌、手指各部位均不相同，形象傳神逼真。

婆羅浮屠方形層佛龕和圓形小塔中的佛像，再加上中心大堵波中的佛像，共計有五百零五尊。浮雕和佛坐像的特色是表情典雅，不但接受了印度佛教雕刻藝術風格的影響，而且處處顯露著印尼爪哇古代藝術的特色，如浮雕以當地人的打扮刻劃世俗人物。因此，婆羅浮屠塔被人們稱為印度—爪哇藝術的傑作。

婆羅浮屠塔的謎團

婆羅浮屠塔透過修整，又重新出現世人面前，被世界重新認識。但人們卻並未因此而對其有真正了解，因為這座巨大佛塔的建造者們雕刻這座「石頭上的畫卷」雖用了近百年的時間，但卻未給它留下任何的文字記載。研究人員在印尼和印度等國的歷史典籍和佛教經典中也未曾發現有關它的任何資料。因此，這座塔本身就成了一個巨大的歷史和文化之謎。現在人們對它的了解，也僅僅是以聯合國一些學者和專家，在現場及其他地方考古所尋獲的一些古代碑石等資料，以及考證和推測出來的一些看法為依據。因此，關於婆羅浮屠塔也就存有各種各樣的意見。

首先，究竟是什麼時候建造的婆羅浮屠塔？這一點始終不曾有定論。考古學家根據從跋羅婆文寫的碑銘上推斷，這座大型的建築大概在爪哇的夏連特拉王朝（Shailendra）統治時期建造而成，即西元七七二到八三〇年間，但還是無法確定具體時間。人們只知道，西元一〇〇六年默拉皮火山噴發和發生地震，周圍居民紛紛外逃，婆羅浮屠也隨即淹沒在火山灰中。此後，這座世界上最為壯觀的佛教建築便慘遭廢棄，逐漸消失了。

其次，究竟是什麼民族建造了這座寺廟，當初婆羅浮屠建造的目的是什麼？到現在人們也沒有徹底弄清這個問題。有人認為，這座塔的建造是為了安奉佛陀舍利子；有人認為，它是作為陵墓供帝王等有權貴階層享用；也有人認為，它是供佛教徒朝拜的聖地；還有人認為，它是帝王為弘揚佛教所做的功德……可是這些觀點都沒有可以證明其真實性的有力證據。

還有，既然婆羅浮屠塔是一處佛教建築，所以塔內的石雕也必然是對佛教內容的演繹。但這裡數量眾多的石雕，遠超出了人們對佛教的一般理解。事實上，至今人們都不能真正了解婆羅浮屠的大多數佛像、雕石究竟蘊含著怎樣的意義。在眾多的佛像雕石中，僅有20％能夠為人們所理解，剩下的80％人們至今都難以說清。

這座矗立在赤道上的最大的佛教遺跡，絢麗多姿的千尊佛像，雖然每天都面對著來自世界各地的遊客，但它在考古專家看來，似乎始終都啞口無言。

帝國回眸——艾布拉古國

艾布拉古國（Ebla）在考古發現以前一直不為人知。其都城遺址位於敘利亞北部阿拉伯與哈馬（Hamah）之間的沙漠中，大約在西元前兩千九百年始至西元前一千六百年存在。

考古發現，艾布拉古國奴隸制非常發達，王室、神殿僧侶和世俗貴族占有大量的私有土地，而農村公社是以地域關係為紐帶結合起來，僅占少量土地。晚期的艾布拉古國貧富分化非常懸殊，社會矛盾激化。

長期實行募兵制的艾布拉古國，其常備軍兵種齊全、裝備精良、戰鬥力強，國王也是憑藉這股軍事力量，加強對內統治，頻頻發動對外侵略戰爭。大量奴隸和財富隨著軍事侵略的勝利和王國版圖擴大流入艾布拉國內，為艾布拉帶來了空前繁榮的奴隸制經濟。考古學家發現，一些泥板書中寫著很多的指令、稅款和紡織品貿易的帳目，以及各種買賣契約等，還有一塊泥板上寫有動物名稱七十多種，這些都是艾布拉的工商業極為發達的證明。

然而，正當艾布拉稱雄一時之際，地處兩河流域的另一個奴隸制國家阿卡德王國（Akkadian）逐漸強大。艾布拉曾被薩爾貢（Sargon）第一征服，其孫子納拉姆辛（Naram-Suen）統治時，橫徵暴斂、濫殺無辜，也曾親率軍隊入侵艾布拉，並焚毀了艾布拉都城。艾布拉人民在阿卡德王國的軍隊撤退後，又在廢墟上重建家園，使古都繁華再起。然而好景不長，大約西元前兩千年左右，這座城市再度被游牧民族亞摩利人（Amorite）擄掠一空，並放火焚毀。此後，亞摩利人長驅直入，到達巴比倫尼亞，建立了古巴比倫王國。而屢遭浩劫的艾布拉古國日漸衰落，終於在西元前一千六百年前徹底毀滅。不過，究竟是由於統治者內部紛爭，還是由於來自北方小亞細亞的強悍民族西臺人的侵略造成了艾布拉的毀滅，如今已成為歷史之謎。

艾布拉古國使用蘇美語和艾布拉語。艾布拉語是一種古老的語言，可能是閃語族的一部分，與已知的西亞語言有一定聯繫。

艾布拉古國遺址

艾布拉古國（Ebla）的都城遺址，位於敘利亞北部阿拉伯與哈馬之間的沙漠中，在考古發現之前，它一直不為人知，其歷史自西元前兩千九百年始至西元前一千六百年。很多古籍中都記載了這個偉大的古國，但都語焉不詳。很多人甚至認為艾布拉只是傳說中神祕而偉大的存在而已，因為沒有人找到過它的遺址。

直到一個偶然的因素，才讓艾布拉古國重見天日。這一驚人發現也震撼了全球美索不達米亞學術的研究，有人將它喻為「上古世界（環地中海）第八奇蹟」，甚至認為與「世界七大奇蹟」相比，艾布拉古國的地位更加重大。

發現艾布拉

一九六四年，義大利考古學家、藝術史學家保羅．馬蒂爾博士（Paolo Matthiae），率領羅馬大學考古隊來到敘利亞，旨在豐富一下極其有限的古敘利亞人的活動資料。

早在一八六二年，法國考古學家就率先開始了對敘利亞大沙漠的考察活動，在那次短期的考察中，他們發現了一座巨塔和一些古建築物的遺跡。這些建築物的特點是牆較寬，殿堂較大，柱較高，但由於種種原因工作沒能繼續。此後的近百年間，敘利亞沙漠區都被考古學家們忽視了。直到一九六四年馬蒂爾博士的到來。

馬蒂爾博士能挖掘的地方有好幾十個，因為在敘利亞地區到處都散布著幾百年無人問津的土墩，並且敘利亞政府也熱衷於證實自己這個現代化國家有著悠久的歷史。

馬蒂爾博士選擇了距敘利亞阿勒普以南約五十六公里的馬蒂克坡（Tell Mardikh）開挖。馬蒂克坡高出地面十公尺，面積約五十七公頃，中央還有一塊凸地，後來考古隊把它命名為衛城。

馬蒂爾博士和他的隊員們每年僅有六週的挖掘時間，就這麼一直挖到了一九六八年，考古隊終於挖到了可以上溯到西元前兩千年前的幾座神殿和一座紀念門，不過在中東，挖出三四千年前的遺址並不是什麼稀罕事件，所以也沒引起多大關注。

一九六八年，馬蒂爾博士在遺址中挖出一個西元前兩千年的無頭玄武岩男子雕像。令人驚奇的是，雕像的袍子上還刻著二十六段楔形文字銘文。這是馬蒂爾博士首次挖掘出銘文，其中有一段銘文還非常引人注目，馬蒂爾判斷這座雕像應該是艾布拉君主的兒子獻給女神伊絲塔的還願品，原文是：「因為艾布拉之王和伊絲塔女神（Ishtar）的緣故，將水槽獻給大神殿。」

馬蒂爾博士認為，銘文裡提到的「艾布拉」，應該就是薩爾貢和納拉姆辛在銘文中提到的附屬國，以及古埃及史料中提及的神祕城邦——艾布拉。

神祕的艾布拉泥板文書

為了證實自己的推測，馬蒂爾博士找到義大利學者——美索不達米亞學家喬凡尼．佩蒂納托（Giovanni Pettinato）。一九六九年，佩蒂納托在羅馬證實了馬蒂爾對銘文的闡述。

此後，馬蒂爾又發掘出了一座約西元前三千年左右的王宮廢墟。經過對陶器碎片的判定，廢墟的一層年代可上溯到阿卡德王朝（薩爾貢和納拉姆辛）時期。馬蒂爾博士發現，西元前兩千四百年，是艾布拉的鼎盛時期，城內原住民有三萬，這在當時中東算是一座大城市了。

一九七四年八月，馬蒂爾博士又有了驚人發現：在王宮區域的一間被發掘過的房間地板上，他發現了四十塊泥板書。雖然王宮曾被燒毀，而泥板卻歷經四千多年完好無損。佩蒂納托聞訊馬上趕到了發掘現場，然而泥板上的文字他卻一個也看不懂！

原來，這些文字並不屬於已被破譯的蘇美語、阿卡德語、埃蘭語和古波斯語中的任何一種，佩蒂納托只好替泥板拍照後帶回羅馬研究。

一九七五年四月，佩蒂納托有了鑑定：這些泥板文字，多是用一種尚不為人知的閃族語寫成的，跟阿卡德語有關，但並不相同。這種新發現的語言與敘利亞－巴勒斯坦地區後來的語言——希伯來語有很近的親緣關係，所以佩蒂納托把它命名為「古迦南語」。

佩蒂納托的這一結論很快就引起了學術界的廣泛關注，不久後馬蒂爾的發現又給了佩蒂納托強有力的支持。經過深挖，馬蒂爾博士最終又在因大火倒塌的泥磚牆中，發掘出了近千塊泥板書，佩蒂納托也趕上了近代考古史上最偉大的發現之一。

不久之後，馬蒂爾又在被毀的王宮廊柱下發現了一個裝有大量泥板書的房間。在裡面發現的第一塊泥版是一份城市一覽表，城市名雖多，但讓他們熟知的卻沒幾個。不過有一個詞卻不斷出現，這個詞就是「恩艾布拉」（意思是艾布拉元首）。

經考證，這個房間應該屬於艾布拉王室的圖書檔案館，裡面存有近兩萬塊的泥板書和殘片，他們甚至還發現了許多當初堆放這些泥板的木架痕跡。

檔案館的發現，讓西元前二一五〇年之前的檔案數量大大增加。接下來，考古人員又對這些泥板文書進行了目錄編纂，並對每塊泥板書在發掘現場的位置都做了詳細記錄。

在眾多的泥板書中，佩蒂納托發現了一段話：「人類創始以來，眾王之中沒有人奪取過阿爾馬納和艾布拉，納加爾（Nagar）之神為堅強的納拉姆辛拓寬道路，賜予阿爾馬納和艾布拉，又賜予杉樹之山和大海。」納拉姆辛就是阿卡德帝國奠基人薩爾貢一世的好戰孫子，大海指的就是

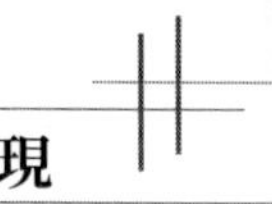

地中海。

由此，考古隊認定，他們挖到的就是消逝了數千年的艾布拉王國。

解讀艾布拉古國

艾布拉古國使用的是蘇美語和艾布拉語。艾布拉語是一種古老的語言，可能是閃語族的一部分，與已知的西亞語言有所關聯。

然而，就在艾布拉國稱雄一時的時候，兩河流域的另一個奴隸制國家——阿卡德王國強大了起來。薩爾貢大帝還曾經征服過艾布拉，其孫子那拉姆辛統治時期，更是橫徵暴斂、濫殺無辜，曾多次率領軍隊親征艾布拉王國，並將艾布拉都城焚毀殆盡。

阿卡德王國的軍隊撤退後，艾布拉人民在廢墟上重新建立家園，古都又恢復了昔日的繁華和喧鬧。然而好景不長，大約在西元前兩千年左右，游牧民族亞摩利人再度把這座城市擄掠一空，臨走時又放了一把大火將其焚毀。此後，亞摩利人長驅直入，到達巴比倫尼亞，建立了古巴比倫王國。而艾布拉古國則因屢遭浩劫，日漸衰落。西元前一千六百年，最後一場大火將艾布拉都城徹底毀滅了，艾布拉居民也突然消失得無影無蹤。這場毀滅性的災難究竟是由於統治者內部紛爭造成的，還是由於來自北方小亞細亞的強悍民族西臺人的侵略，似乎已成為永遠無法解開的歷史之謎了。

總而言之，艾布拉古國的發現是一個具有劃時代意義的重大歷史事件。在那樣一個嚴重乾旱、人跡罕至、鳥獸絕跡的沙漠地區，很難想像人類曾建立過一個繁庶的國家，創造過光輝燦爛的文化，這的確是一件了不起的奇蹟。

相關連結——阿卡德王國

阿卡德王國（Akkad）是古代西亞兩河流域南部閃語系的阿卡德人奴隸制國家，統治區域位於美索不達米亞南部（今伊拉克），位於亞述東南。

阿卡德人是閃族人的一支，並不是蘇美人，他們約於西元前兩千五百前後進入兩河流域。兩河流域文明最早的創造者，也是西元前四千年前後來自東部山區的蘇美人。到了西元前三千年左右，蘇美人就在兩河流域建立了眾多城邦。阿卡德人進入兩河流域時，蘇美城邦文明已經進入了尾聲，各城邦之間的鬥爭異常激烈。大約在西元前二三七一年，阿卡德王薩爾貢統一了蘇美地區，建立了君主制的集權國家，定都阿卡德（即後來的巴比倫城），蘇美城邦時代宣告結束。

薩爾貢在位期間（約西元前二三七一年至前二三一六年），創建了常備軍約五千四百人，大肆對外擴張。薩爾貢先後出征三十四次，擊敗了盧加爾扎克西（Lugal-Zage-Si）。接著薩爾貢又揮兵南下，降服烏爾，攻取烏魯克，征伐拉格什（Lagash），「洗劍於波斯灣」。昔日的蘇美城市幾乎盡遭摧毀，蘇美舊貴族的勢力也受到了沉重打擊。在東方，薩爾貢還遠征埃蘭，略取蘇薩（Susa）等城市；在北方，薩爾貢不僅征服了兩河流域北部的蘇巴爾圖，還曾進兵到小亞細亞的陶魯斯山區，以及沿黎巴嫩山脈的地中海東岸地帶。

薩爾貢一直自稱為「天下四方之王」，然而薩爾貢雖然征服了廣大地區，但他直接統治的地方大概只限於兩河流域南部。兩河流域北部的蘇巴爾圖，東邊的埃蘭等，只是其屬國而已，仍保持著半獨立的狀態；黎巴嫩山脈一帶，則僅是征服所及的邊遠地區。

在西方，薩爾貢一度征服了幼發拉底河中游的馬里（Mari）和敘利亞古國艾布拉，打開通往地中海沿岸的商路。薩爾貢死後，其子瑞穆什（Rimush）和瑪尼什吐蘇（Manishtusu）共在位二十四年。瑪尼什吐蘇繼位後，又開始對波斯灣沿海國家發起戰爭，發展了同梅露哈（古代印度）、馬干（阿曼沿海地區）及狄爾蒙（巴林及波斯灣西部沿海）的海運貿易。瑪尼什吐蘇之子納拉姆辛在位三十六年，同樣進行大規模的征戰：在西方重克艾布拉，在北方的鐵爾布拉克（Tell Brak）修建宮殿，在南方波斯灣上重征馬干，著名的納拉姆辛戰勝碑還記錄了他對東北山區盧盧比人（Lullubi）發起的戰爭。納拉姆辛共在位三十六年，後來其子沙爾卡利沙瑞（Sharkalisharri）被宮廷政變推翻。

在阿卡德王國統治的後期，中央集權已逐漸趨於崩潰。西元前二二三〇年左右，蠻族庫提人（Gutian）入侵，摧毀了曾經輝煌一時的阿卡德王國。

阿卡德王國的歷史是蘇美歷史的一部分，因而這一時期也被稱做蘇美——阿卡德時代。

克諾索斯王宮

克里特島是位於古希臘東南海域上的一座狹長的島嶼，因島上風光秀麗，四季如春而被譽為「海上花園」。

在古希臘神話傳說中，克里特島及其國王米諾斯（Minos）的故事是一個重要篇章，而克諾索斯王宮這一島上的「迷宮」，更是無數詩篇的靈感來源。當傳說故事隨風而逝時，人們震驚於對迷宮的再現。它的重現人間，也是世界考古史上的一件大事。考古學家穿越時間的長河，追尋神話中的國度，終於使古老文明的神祕面紗得以揭開。

克諾索斯的神話傳說

在古希臘的神話傳說中，克里特國王米諾斯是眾神之王宙斯和腓尼基公主歐羅巴（Europa）的兒子。據說歐羅巴曾做過一個夢，夢見兩個女人在其面前出現，其中一個女人穿著古希臘式長袍，對另一個穿著本地服飾的腓尼基女人說：「我要帶你走，美麗的公主，你將成為眾神之王宙斯的妻子。」腓尼基女人試圖把她留住，可還是被古希臘女人帶走了。歐羅巴醒來後，不知夢意所指。

幾天後，歐羅巴與女伴在海邊嬉戲，宙斯在空中窺見其美麗，於是就化身一頭白色公牛靠近她。這頭渾身雪白的公牛吸引了歐羅巴，她不由自主地騎上了牛背。這時，公牛突然奔入大海，將伏在牛背上歐羅巴渡海到達克里特島。在那裡，宙斯化為人形，向歐羅巴求愛。後來，歐羅巴為宙斯生下三個兒子，其中小兒子米諾斯便成了克里特島的國王。

米諾斯是海上霸主，波塞冬是統治海域之神。米諾斯向波塞冬獻上一座祭壇以顯示與海神的友誼，並請其賜他一頭公牛作為祭品。波塞冬三叉戟一揮，一頭雄壯的白色公牛從海面上分浪而出。米諾斯很喜愛這頭強壯漂亮的公牛，不捨得殺之祭神，便用另一頭公牛代替。波塞冬為米諾斯不虔誠的行為所激怒，於是將情慾之咒施在米諾斯的王后帕西菲（Pasiphaë）身上，讓她愛上這頭白色公牛，並生下一個牛頭人身的怪物米諾陶洛斯（Minotaur）。

米諾斯為了掩飾這樁醜聞並囚禁米諾陶諾斯，便命代達羅斯（Daedalus）這位著名的雅典工匠修建一座規模宏大、結構複雜的迷宮。並於其建成後將米諾陶諾斯囚禁在迷宮最深處，命令雅典每七年進貢七對童男童女供米諾陶諾斯享用。

這一年，又輪到雅典進貢了，雅典王的獨生子忒修斯（Theseus）便自告奮勇地帶著童男童女來到克里特。他勇敢英俊，智慧過人，很快就贏得了克諾索斯國王的女兒阿里阿德涅（Ariadne）的芳心。

阿里阿德涅去找代達羅斯，請他幫助自己的意中人。代達羅斯給了阿里阿德涅一團線，多虧這團線，忒修斯才在殺掉米諾陶諾斯後走出迷宮。一下子失去了怪獸和心愛的女兒米諾斯王惱羞成怒，最後得知是代達羅斯的線團幫助提修斯走出了迷宮。代達羅斯與此同時，也意識到了自己的危險境地，便決定帶著他唯一的兒子伊卡洛斯（Icarus）出逃。米諾斯認為只要守住克里特所有的港口，代達羅斯就插翅難飛，卻不想代達羅斯真的插上了翅膀。他先用輕薄的木頭製成翅的形狀，然後在上面塗上蠟，在蠟面又黏上密密的鳥羽。但和父親同飛的伊卡洛斯一下便迷失了方向，他忘記了父親臨行前的囑咐，漸飛漸高，結果被熾熱的太陽熔掉蠟羽，墜入海中，葬身魚腹。

代達羅斯在西西里島上平安降落，而追殺代達羅斯到西西里島的米諾斯卻被西西里國王的女兒們設計所殺，死後成了冥界的判官。

「迷宮」重現

一八八三年，幾個農夫在克里特島東部偶然發現了一些古代祭祀器物。他們把這些器物賣到集市，非常暢銷。當地人看到強大的市場需求，紛紛投入挖掘中並陸續挖出了一些有價值的器物。這同時也激發了考古學家的熱情，他們紛紛來到克里特島，試圖找出神話中的迷宮。而英國人亞瑟·埃文斯（Arthur John Evans），是真正揭開克諾索斯王宮之謎之人。

當埃文斯於一八九三年來到克里特島時，已有很多人在克諾索斯挖掘出壕溝，發現了一堵堅實的城牆和許多石製壇罐。埃文斯買下了克諾索斯一部分土地的使用權，並在正式發掘前多次勘察克里特島地形，尋找可能的宮殿中心遺址所在地。埃文斯於一九〇〇年三月發現了一座大型宮殿遺址，不久後又在王宮遺址處又發現了第一幅壁畫。此畫據考證，繪製於西元前一千五百年左右。年代如此久遠的畫像，保存卻如此完好，簡直是奇蹟。

埃文斯進一步挖掘王宮遺址，王座室、大階梯等陸續被發掘出來。臺階、走廊、宮室、浮雕、壁畫……這些發現一個接一個，令他興奮不已。在牆壁、柱頭、壁畫和雕刻印章上，埃文斯還發現了海上霸權的標誌三叉戟，這表明克諾索斯王宮的國王與海洋聯繫密切。他還發現了許多器物具有邁錫尼特徵。種種跡象表明，與邁錫尼文明相比，在克諾索斯發現的文明更為古老。埃文斯以神話中國王米諾斯的名字，將其命名為「米諾斯文明」，也稱「克里特文明」。

但克諾索斯的第一期發掘工作只持續了兩個多月，受天氣炎熱、瘧疾流行等原因影響，到了六月，埃文斯被迫停止發掘，幸好克諾索斯王宮的大部分遺跡在停工之前就得以重見天日。

克諾索斯王宮出土後，是一座多層平頂式建築，規模巨大，占地兩萬兩千平方公尺，有一千五百多間大小宮室。東宮和西宮由一千四百多平方公尺的長方形中央庭院聯結成一個整體，有國王寶殿、王后寢宮，還有廟宇（雙斧宮）、珍寶庫、住所等建於庭院四周。西宮位於高坡地區，大部分宮室為三層建築，東宮位於低坡地區，多為四層建築。用來支撐屋面的立柱，均由整棵百年大樹鋸刨而成。這些立柱遠遠望去，上下一般粗細，顯得雄渾而協調。有長廊、門廳、複道、階梯等將各建築連接起來，可謂千門百戶，曲徑通幽。此外，還有一對對用陶土燒製、有著宗教含義的U字形黃色牛角，裝飾在逶迤漫長的屋簷上。

對王宮歷史的推測

考古學家在克里特島上，發現了若干個王宮的遺址，每個王宮都是一個繁華地區的中心，埃文斯發掘的克諾索斯王宮是其中最為宏大、建造時代最晚的王宮。

據推測，克里特島上由於地震頻發，因此在歷史上克諾索斯王宮曾多次重建。王宮以木石結構建築而成，以規整的石塊砌成牆壁，而屋頂、窗戶則是木結構。考古學家根據王宮不斷重修的特點，認為應分成米諾斯文明前期（約西元前三千年）、舊宮殿時代（約西元前一九〇〇年~西元前一七〇〇年）、新宮殿時代（西元前一七〇〇年~西元前一四五〇年）以及邁錫尼時代（西元前一四五〇年~西元前一一〇〇年）。米諾斯文明於舊宮殿時代開始初步發展，起始達到鼎盛大約是在西元前兩千年左右，西元前一四〇〇年銷聲匿跡。

從發現的遺址看，主要是在克里特島的中部和東部地區，最初有克諾索斯、法埃斯特、馬里亞、古爾尼亞和菲拉卡斯楚等眾多小國，其中最強盛的是克諾索斯和法埃斯特，擁有繁榮的城市和港口。

考古學家推測，克諾索斯在舊宮殿末期，已成為當時島上的政治和經濟中心，並控制愛琴海上的一些島嶼和希臘半島上的某些區域。在最輝煌的時期，米諾斯王曾稱雄愛琴海，擁有無可匹敵的海上艦隊，遍及整個愛琴海地區商站和殖民點，東科達羅德島和小亞細亞的米利都（Miletus），西北達希臘本土的邁錫尼、雅典和底比斯，最西甚至可能達到義大利的利帕里島。此外，克里特和埃及有密切的聯繫，米諾斯人的形象在埃及墓室的壁畫當中經常可見，有的是來朝使者，有的則是被埃及人擄來的奴隸。

米諾斯文明是西元前十五世紀前後，愛琴海地區文明高度的代表，隨之出土的青銅器、陶器、金銀製品等精美文物，也都是這一文化繁榮發達的反映。克里特的青銅器與中國大量使用的青銅禮器不同，它以工具和武器為主，也有一些被用來製造首飾、酒器、食器等。其技術高超的青銅器製造，在硬度和韌性上達到了完美的平衡，造型精緻典雅，令人稱歎。

早期的陶瓷製品的特徵是線狀的螺旋、三角、曲線、十字、魚骨紋等；到了中期，描繪魚、烏賊、鳥和百合等圖案較為普遍；花和動物直到晚期依然是主角，且以章魚、海豚、海膽和海盤車等海洋生物被反覆使用作為裝飾的基本圖案。其中在克諾索斯出土了一種形體近圓球、無頸、圈足的特殊器型，其兩旁有短提耳，器體上繪有白色的百合花，達到了相當高超的藝術水準。

此外，米諾斯人還發明了文字，約西元前兩千年首先出現了象形文字。由於其比較繁瑣，到西元前一千九百年時，線形文字開始被人們使用，這種文字簡單便利，被後人稱為「線形文字A」。這些刻寫在泥板上的文字，存放在王宮的儲藏室中，本來只是作為短暫保留之用，可是後來一場大火將王宮燒毀，泥板被燒成了陶片，而這些文字竟陰差陽錯地保存了下來。

「迷宮」內的壁畫藝術

可以說，克諾索斯王宮是一座藝術的宮殿，王宮內擁有精彩多樣的建築裝飾，尤其是那些為數眾多的壁畫，更是古代克里特文化的瑰寶。這些栩栩如生、富有情趣的壁畫，能夠製作於西元前兩千年，確實難能可貴，從而也代表了古希臘繪畫藝術最突出的成就。這也說明，克里特文化在距今三千多年前已經相當發達。

大體上可以將壁畫分為兩類：一類是以描寫宗教活動場面和帶有宗教色彩為主的神話；另一類是運用寫實手法刻劃人們日常活動和動物形態。

覲見室的壁畫表現的是三隻臥伏在蘆葦叢中的鷹頭獅身、帶有翅膀和蛇尾的怪獸。據說這種怪物的頭、身和尾，分別是天上、地面和地下的神靈的代表。壁畫畫面以款式奇特，色彩鮮豔，形象生動著稱。

西宮北側壁畫間裡的壁畫，描寫的是克諾索斯王的宗教活動中競技活動場面。畫中場景是三名青年男女的「鬥牛」，其中一頭黃牛與今天所見不盡相同，占去了絕大部分畫面。這頭牛正向前猛衝，牛前面的一個少年用全力按住牛角，牛身後的少年則腳跟離地，雙手揚起，將一名體態輕盈、身著紅裝的少女拋向空中。少女在空中做完空翻動作後，穩穩地倒立在牛背上。

中央庭院南邊的一間宮室牆上，還有一幅壁畫是關於克諾索斯王的。壁畫上的人物大小像真人一樣，畫中的國王頭戴王冠，其上裝飾有百合花和孔雀羽毛，長髮過肩，向後飄動，頸上掛著用百合花串在一起的項鍊；腰束皮帶，身著短裙，正大步流星地向前走去。由於王冠和項鍊都以百合花樣的飾物為飾，因此這幅壁畫也有「戴百合花的國王」之稱。

考古學家發現，這些壁畫色彩自然、鮮豔，所使用的顏料均提煉於植物、礦物及骨螺（一種海生貝類）。古代畫家揮筆作畫，通常都是趁牆壁上的泥板尚未乾透時，因為這樣可以使色彩滲入泥板，經久不褪。

在王宮中，生動逼真的壁畫到處可見。皇后寢宮中描繪舞女和海豚在水中嬉戲的壁畫，以及其他宮室和長廊中的諸如「持杯者」、「蛇神」等，也都千姿百態，栩栩如生。

歷史側影——耶利哥古城

二〇〇五年二月十五日，以色列考古學家發現了神祕的耶利哥哈里發古城恢弘的遺址。這座傳奇般的皇城遺址始建於西元八世紀，包括皇宮建築物、水池和清真寺等，是耶利哥時期最重要的建築物，

古城坐落在約旦河的西岸約十公里，壯麗的哈里發皇宮矗立在城中，由十萬工匠花了四年才將這座宮殿修建完成。宮門呈金色，圓頂為綠色，華貴的地毯鋪在宮內，其中掛著數萬幅精美的帳幔，擺著金銀器皿和寶石鑲嵌的用具，手工藝品均用精細的金銀裝飾。

以色列考古學家稱，這座規模宏大、金碧輝煌的宮殿興建於哈里發阿卜杜拉赫曼三世(Abderramán III)時期。整個建築由三個層次構成，最上一級平臺是城堡王宮；中間平臺是宮殿附屬部分建築和一座小型清真寺；第三級平臺是皇家花園，其中建有池塘、噴泉。宮內有均選用象牙和烏檀木製作而成的御座寶殿，以及禮儀大廳的大小拱門。

在發掘中，考古學家還發現，大清真寺在皇城中占地巨大，寺院以精製的雉堞式城牆建於四周，牆內由庭院和廟宇建築群兩大部分組成，如果全部復原，其總體規模堪稱世界之最。研究表明，城內這座清真寺於西元七八五年初建，先後經過兩次維修和擴建。西元九八七年，又對其進行了第三次、也是最大的一次維修和擴建，幾乎擴建了一倍，並從此留下了今天的形態。

在這座古城誕生之地，有一些村落遺跡已有七千年歷史。事實上，耶利哥古城位於海平面一千三百公尺以下，海拔非常低，但由於該地地底河流水源充足，農產豐富，盛產以色列芒果、柚子、香蕉、柑和著名的香蕉棗子等，可謂沙漠中的綠洲。

聖城耶路撒冷

耶路撒冷市位於巴勒斯坦中部猶地亞山（Judean Hills）的四座山丘上，由東部舊城和西部新城組成，距今已有五千多年的歷史，是一座舉世聞名的歷史古城。

耶路撒冷舊城是一座宗教聖城，是猶太教、伊斯蘭教和基督教，這世界三大宗教的發源地，並被視為聖地。世界上能夠享有如此殊榮的城市僅此一座，幾千年來，沒有任何一座城市的光芒能夠蓋過耶路撒冷。

三教的聖地

耶路撒冷所在地最早被稱之為耶布斯（Jebus），因為很久以前阿拉伯迦南人中一個部落名叫耶布斯人（Jebusite），他們從阿拉伯半島遷徙此處定居，修建村莊，建造城堡，並以部落的名字給此地命名。後來，迦南人又在這裡修建城市，並命名為Yerushaláyim。大約在西元前一千年左右，這個地方被大衛王征服，繼續沿用Yerushaláyim的名稱並作為猶太王國的都城。

三千多年來，埃及人、巴比倫人、波斯人、敘利亞人、羅馬人、阿拉伯人、土耳其人、英國人等不同的統治者，都在耶路撒冷留下痕跡，並且一直征伐不休，使耶路撒冷的歷史呈現出世上少有的錯綜複雜和艱難曲折。據統計，耶路撒冷曾歷經三十多次征服，先後十八次被毀為平地，又十八次得以重建。

耶路撒冷對猶太人來說，既見證了其光榮的歷史，又是民族復興的中心。猶太人從《舊約》的前五卷中得知，先知們預言的救世主彌賽亞在耶路撒冷七塊高地之一的錫安山上終將出現，所有民族到那個時候都將融合為一，而為能盡快地實現這一預言，世界各地的猶太教徒都夢想著死後能在這座聖山旁邊安葬。經文中寫得很清楚，直到那時，猶太人都應當還是「一個神聖的國家，一個祭司的民族」，而不與其他國家融合為一。這個以色列國家既為世俗王國，又是宗教王國，耶路撒冷是其永恆的首都。

與猶太教相比，基督教更早奉耶路撒冷為其聖地。相傳，耶穌基督就誕生於耶路撒冷南郊伯利恆小鎮附近。耶路撒冷對全世界的基督徒來說，是耶穌受難、復活和升天之地。當年耶穌被釘在十字架及埋入墳墓的地方，據說就是最早建於羅馬帝國時期的聖墓教堂。由於耶穌在三天後復活，因此聖墓已是一座空墓。聖墓大教堂又被稱為復活教堂，由於建在耶穌被釘在十字架上遇害並復活的地方，因此這裡也是世界基督教教徒心目中最神聖的地方。每年基督受難節時，抬著巨大十字架虔誠的基督徒，都會循著當年耶穌赴刑場所經過的道路，邊走邊口中念念有詞「我們讚美你……你洗清了我們的罪惡……」情景莊嚴肅穆，令人動容。

七世紀時，穆罕默德——伊斯蘭教先知和創始人來到阿拉伯半島傳教布道。據《可蘭經》記載，天使在一個皓月當空的夜晚，送來一匹有著女人頭的銀灰色馬，穆罕默德騎著這匹馬奔馳到了耶路撒冷，當馬蹄踩到一塊聖石上時，瞬間就向天空飛騰而去。穆罕默德在接受了上天旨意後，又連夜快馬加鞭返回麥加，「夜行登霄」這一伊斯蘭教教義中的典故就由此而來。因此，穆斯林也把耶路撒冷奉為第三大聖地，僅次於麥加和麥地那。

對耶路撒冷的艱難發掘

耶路撒冷全城分為舊城和新城兩部分。西側是新城，居東是舊城，略呈方形，以石造的城牆環以四周，大量宗教古蹟集中在城內。人們心目中的聖城耶路撒冷，指的就是舊城，或稱古城。在占地不足一平方公里的耶路撒冷土地上，被考古學家列為具有重大價值的古蹟有大約兩百二十處。

考古學家於一八六七發掘城內的廟宇圓丘，並在下面的一個角落裡發現了這樣的情景：十六世紀蘇萊曼大帝（Suleiman the Magnificent）建造的牆，壓在十二世紀十字軍建造的塔樓之上；十字軍的塔樓，又建在七世紀阿拉伯倭瑪雅王朝（Umayyad dynasty）的宮殿之上；倭瑪亞宮殿則建在羅馬帝國第十軍團（Legio X Equestris）的軍營廢墟之上；而羅馬軍營又建立在希律城廢墟的基礎之上……這座古城被歷史不斷複雜化，幾個世紀以來，由於政治紛爭不斷，所以考古學家一直也難以接近。因此，當一八六七年的考古進行時，伊斯蘭教教徒們紛紛從樓上扔下雨點般的石塊以示憤怒，迫使考古學家改挖掘隧道。此前曾有人警告過考古人員，稱這座城市下面的垃圾有將近十八公尺深，而事實上那裡的垃圾有足足四十公尺深，遠遠超乎想像，挖掘時一不小心就會有傾斜坍塌下來的瓦礫和鬆動的岩層將坑道填滿。儘管條件惡劣，但考古人員還是挖掘出了五十條隧道和垂直坑，最終成功發掘出了巨大的城牆和拱形門。

英國考古學家凱薩琳．凱尼恩（Kathleen Mary Kenyon）在一個世紀後，又對耶路撒冷舊城牆體進行了更深入充分的發掘，結果發現：這堵牆實際上不是出自大衛王，而是希律王的傑作。此外可以確定的是，釘十字架的各個傳統地點以及耶穌復活和埋葬地點，都在耶路撒冷新城的現代城牆之外。問題是，這些地點以及拜占庭教堂中的聖墓都拒絕考古學家進入。即使對大穹頂上的油彩和顏色這類事情的考察，考古學家們也必須在共同控制聖墓的幾個教派之間周旋數年，才能得到許可。因此，對耶路撒冷的考古工作一直是斷斷續續，難以順利進行。

耶路撒冷的「哭牆」

相傳兩河流域上游的亞述地區是猶太人（即希伯來人）的最早居住地。西元前一千八百年，他們的先祖亞伯拉罕率領族人渡過底格里斯河和幼發拉底河，到達迦南（即後來的巴勒斯坦）。迦南人稱之為希伯來（Hebrew），意為「渡河者」。

為逃避災荒，一些以色列部落和其他希伯來人在西元前一千七百年左右，進入埃及尼羅河三角洲地帶。在法老的統治下的數百年間，猶太人受盡奴役，後來在摩西的帶領下渡過紅海，穿越西奈沙漠，立志回到迦南。摩西在途經西奈山時，接受了耶和華寫在兩塊石碑上的戒律，即「十誡」。然後摩西將之安放在約櫃中，從此上帝與以色列人就以這個約櫃作為訂約的見證。

以色列人後來終於回到了巴勒斯坦。西元前十一世紀，統一了猶太各部族的大衛王締造了以色列王國，將耶路撒冷和約櫃奪回，並著手籌劃建造聖殿。

大衛王死後，以智慧、謀略和財富而聞名天下的所羅門王繼位，並於西元前一〇一〇年，在耶路撒冷錫安山上建成了第一座猶太教聖殿，用來供奉約櫃，史稱第一聖殿。

國家在所羅門王死後分裂為兩部分，北半部稱以色列，以撒馬利亞為都；南半部稱猶大，以耶路撒冷為都。西元前五八七年，耶路撒冷被巴比倫王尼布甲尼撒二世（Nebuchadnezzar II）攻陷，第一聖殿遭到焚毀，城牆、神殿、王宮以及許多民宅等被拆毀，金銀財寶被洗劫一空。淪為奴隸的猶大國王、大臣、貴族和城裡的大部分居民被流放到巴比倫，這就是歷史上有名的「巴比倫之囚」(Babylonian captivity)。

半個世紀後，巴比倫被波斯的居魯士大帝（Cyrus the Great）征服，被囚禁在巴比倫的猶太人得以重返故鄉。大約一百年後，以色列人在先知尼希米（Nehemiah）和學者以斯拉（Ezra）的領導下，開始對重建聖殿，重建後的聖殿史稱第二聖殿。

然而，猶太人回到耶路撒冷後並未過上獨立的生活。他們先後被馬其頓、埃及、敘利亞等國所統治，西元前六三年羅馬人又將其征服。西元六五年，猶太人反抗羅馬人，而就在這次浩劫中，第二聖殿被羅馬人再次夷為平地，只留下了西牆的一段斷垣殘壁。據說耶路撒冷被羅馬人占領後，經常有猶太人聚在這裡哭泣，這面殘破的牆壁也因此被稱為「哭牆」。此後羅馬人將整座城市占領，猶太人被迫流散到世界各地，而他們的聖殿再也沒有被修復。千百年來，常有各地猶太人來此號哭，以寄託自己對故國的哀思。

直到今天，世界各地的猶太人還經常來到哭牆腳下，或圍著一張張方桌做宗教儀式，或端坐在

遠距考古課

不熱、不累、不出門，
宅宅的古文明遊玩攻略

陳深名——著

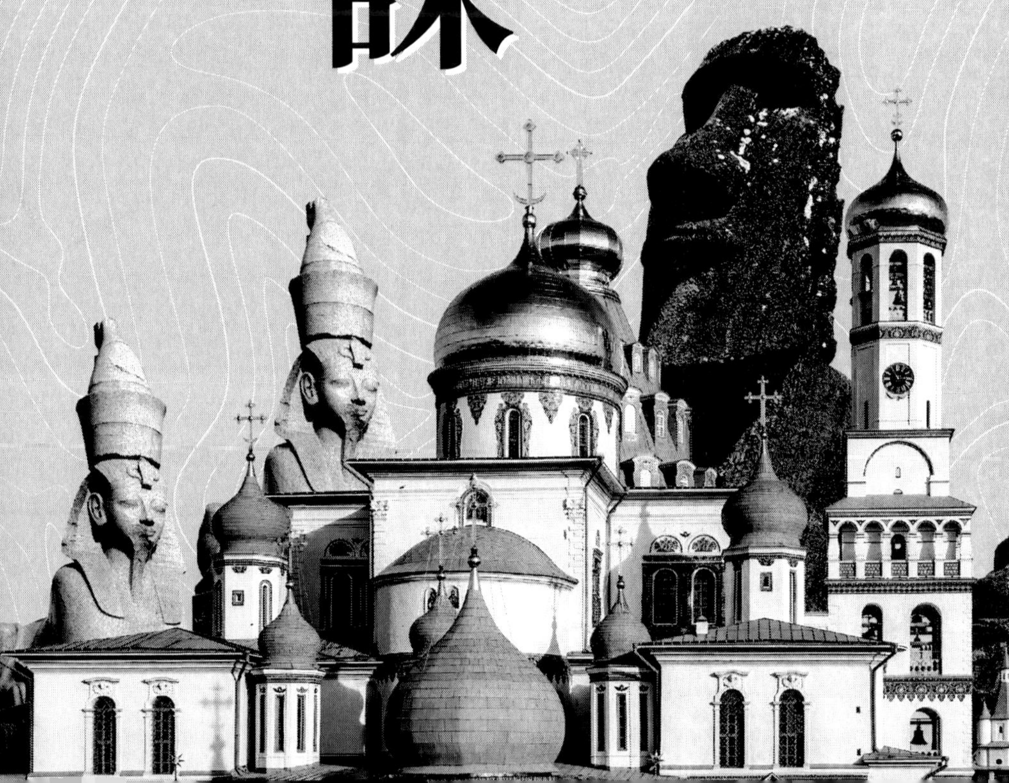

目錄

非洲考古大發現

歐洲考古大發現

目錄

美洲考古大發現

一條條長凳上念誦經文，或面壁肅立默默祈禱，或長跪在地悲戚啜泣。

考古學家於一九九二年，在哭牆中發現五塊具有兩千多年的歷史巨型基石。據考古學家用聲波探測法測定，其中最大的一塊巨石約長十三點六公尺、寬四點六公尺、高三點六公尺，重達五百七十噸，有世界上第三大人造巨石之稱。

相關連結——敘利亞的帕爾米拉廢墟

帕爾米拉（Palmyra）屹立在敘利亞沙漠的中心，是一座沙漠綠洲，經常被描述為沙漠新娘，宏偉的遺址講述著芝諾比亞女王（Zenobia，或譯季諾碧亞）統治時期的英雄歷史。它位於Afqa溫泉附近，這讓它成為在伊拉克和沙姆（現如今的敘利亞、黎巴嫩、聖地巴勒斯坦和約旦）之間旅行、以及從中國到地中海貿易絲綢商隊的理想停駐點。

羅馬被帕爾米拉戰略性的地理位置和繁榮昌盛所吸引，並於西元前一世紀占領和控制了這座城市。帕爾米拉大帝國的命運和它的女王一樣悲慘，戰敗後的芝諾比亞女王被戴上金鐐銬，淪為羅馬的俘虜，悲憤不已的女王最後服毒自殺，而她的王國則遭到了羅馬人的掠奪和破壞。至今仍有考古學家在這裡挖掘，希望揭祕芝諾比亞女王的宮殿。

神祕的吳哥窟

吳哥窟位於柬埔寨的西北方，又稱吳哥寺。它的原始名字是 Vrah Vishnulok，為「毗濕奴的神殿」之意，中國古稱之為「桑香佛舍」。吳哥窟以建築宏偉與浮雕細緻聞名於世，是吳哥古蹟中保存得最完好、也是世界上最大的廟宇。

吳哥古蹟的歷史

吳哥寺約建於西元一一五〇年，是世界上最大且最著名的寺廟建築群，也是高棉國王領土內千百座宗教建築之一。

十二世紀中葉，真臘（Kmir）國王蘇利耶跋摩二世（Suryavarman II）將吳哥定為首都。由於其信奉毗濕奴（為國王加冕的婆羅門主祭司），於是佛教高僧地婆訶羅就為國王設計了這座國廟以示供奉，名之為「毗濕奴神殿」。

吳哥寺十六世紀被稱為 Angkor Wat，即「寺廟都城」。元貞二年（一二九六年），元成宗鐵穆耳派遣周達觀等出使真臘，使團取海路從溫州開洋，經七洲洋（西沙群島海面）、占城、真蒲、查南、半路村、佛村（菩提薩州），橫渡淡洋（今洞里薩湖），到達吳哥國。周達觀和他的使團在吳哥居住一年，回國後寫了關於真臘風土民情的報告《真臘風土記》。《真臘風土記》將吳哥窟稱為「魯班墓」，又說國王死後，有塔埋葬，可見吳哥寺乃皇陵。

一些學者據此認為，蘇利耶跋摩二世的皇陵就是吳哥窟，根據有三：一是吳哥大多數寺廟朝東，而吳哥窟正門朝西，面向日暮，而根據荷蘭考古學家的研究，印度和爪哇的殯葬風俗中，墓地一律都朝西，而祭祀的寺廟朝東；二是畫廊浮雕的排列呈逆時針方向，這是印度教葬禮時在墓地巡行的方向；三是吳哥窟畫廊中蘇利耶跋摩二世相貌與毗濕奴神的相似，暗含日後升天成毗濕奴、長駐毗濕奴神殿之意。

在一三三〇年至一三三九年間，元代航海家汪大淵曾遊歷吳哥，並將其稱為「桑香佛舍」，這表明吳哥窟在十四世紀中葉已改為佛寺。

被發現的吳哥古蹟

一四三二年，真臘人由於暹羅人入侵高棉王國，被迫遷都金邊，吳哥都城也漸被廢棄，為熱帶雨林湮沒。後來，也有些進入森林打獵的高棉人無意中發現了這座廟宇，也有些當地的佛教徒搭蓋屋寮居住在廟旁，以便到廟宇中朝拜，但吳哥遺跡多不為世人所知。

一五八六年，旅行家安東尼奧．達．馬格達連那（Antonio da Magdalena）遊歷吳哥，然後將此次見聞向葡萄牙歷史學家迪尤哥．都古托（Diogo do Couto）報告：「城為方形，有四門有護城河環繞……建築之獨特無以倫比，其超絕非凡，筆墨難以形容。」

但是，達．馬格達連那的報告被當時的人們視為天外奇談，無人在乎它的真假。一八五七年，駐馬德望的法國傳教士夏爾．艾米爾．布意孚神父（Charles Emile Bouillevaux）在其所著的《1848～1856印度支那旅行記，安南與柬埔寨》（*Voyage en Indochine 1848-1856, L'Annam et le Cambodge*）中，又一次對吳哥狀況作了報告，但仍未引人注意。

直到一八六一年一月，為了尋找熱帶動物，法國生物學家亨利．穆奧（Henri Mouhot）在原始森林中無意間發現了這一宏偉驚人的古廟遺跡。他在自己的書中寫道：「此地廟宇之宏偉，遠勝古希臘、羅馬遺留給我們的一切，走出森森吳哥廟宇，重返人間，剎那間猶如從燦爛的文明墮入蠻荒。」至此，世人才對吳哥窟刮目相看。

一八六六年，艾米爾．基瑟爾（Emile Gsel）這一法國攝影師，將自己在吳哥窟拍攝的照片公諸於世，吳哥窟的雄偉風采終於為世人目睹。

此後，從一九〇八年起，法國遠東學院開始精心修整包括吳哥窟在內的大批古蹟。由於吳哥窟一百九十公尺寬的護城河像一道屏障一般，阻擋著森林的圍困，因此較其他吳哥古蹟來說，吳哥窟保存得更完整，但附近仍然雜樹叢生，部分建築物的紅壤磚縫隙已被一些樹根深深植入，並逐漸將縫隙擴大，最後將紅壤磚推落，使建築物坍塌。修復工程主要包括清除雜草、樹林、積土、白蟻，穩定地基，支撐搖搖欲墜的建築物，在吳哥古蹟的重建上，運用了考古學家在希臘雅典和印尼爪哇等地古蹟重建工作中發展的分析重建術。清理吳哥窟的工程在一九一一年完成。

吳哥窟的建築技巧與浮雕藝術

吳哥窟莊嚴勻稱，比例和諧的設計，使其無論在建築技巧，還是雕刻藝術上，都達到了極高的造詣。

吳哥窟坐東朝西，有長方形的內外圍牆將其包圍，外圍牆外還有濠溝，寬一百九十公尺。濠溝周邊東西長一千五百公尺，南北寬一千三百公尺，周長約五千六百公尺。正門向西，與吳哥通王城南門外大道相連。

位於內圍牆內的三層寶塔式建築物距正門三百四十七公尺，是吳哥窟的主體建築。平臺第一層呈長方形，高出地面三公尺半；平臺第二層又高出七公尺；平臺第三層又高出十三公尺。各層的四個邊上，分別有左中右三條石階梯與上一層相連。在最高一層的平臺上，有象徵神話中諸神之家和宇宙中心的五座尖頂寶塔矗立其上。正中央一座寶塔最高，達四十二公尺，即高出地面六十五公尺半。其餘四塔分立於平臺的四個角上，比較矮。第二層平臺的四個角上也各有一座截頂寶塔。各層平臺四周都以石砌迴廊環繞，廊內有庭院、藏經樓、壁龕、神座等。各層均有石雕門樓和階梯用以連接上下階層，階梯的欄杆上都盤繞有七頭石雕巨蟒，階梯兩旁還裝飾有美麗的石獅。全部寶塔、門樓等，都以蓮花形的石雕刻為裝飾。整個吳哥窟均用古連山的沙岩石吻合疊砌而成，有的石塊甚至重達八噸，使得建築平穩而牢固。

吳哥窟的浮雕石刻也具有相當水準，是吳哥藝術的精華。吳哥窟全部的石砌迴廊、殿柱、門樓、寶塔等，都以精美的石刻浮雕刻於其上，其中最為精美的是最低一層的浮雕迴廊。四邊的迴廊總長度八百公尺，有兩公尺多高。壁面布滿了浮雕的畫面，大都以印度史詩《羅摩衍那》(*Ramayana*) 和《摩訶婆羅多》(*Mahabharata*) 中的神話故事為題材。「乳海翻騰」的傳說刻在東廊；毗濕奴同妖魔作戰的故事刻在北廊；「神猴助戰」圖刻在西廊；反映高棉人抵抗占人入侵的戰爭情景則刻在南廊。這些浮雕手法嫻熟，場面複雜，人物形象逼真，而且均採用重疊層次來顯示深遠的空間，在世界藝術史上堪稱傑作。

在神殿的柱子或牆角上，處處可見精美細膩的刻劃，或凸出，或凹入，甚至還有兩者交替的作品。就連走廊上的窗子，也是以小石柱作柵欄，當陽光透過窗子灑入長廊，更顯現出一種人文與自然交錯融合之美。

吳哥的建築的精美可謂令人讚歎，然而令人不解的是，十五世紀初吳哥城突然人去城空，並在此後的幾個世紀裡又變成了樹木和雜草叢生的林莽與荒原，只有一座隱藏在其中的曾經輝煌的古城。直到十九世紀被發現前，連柬埔寨當地的居民對此都一無所知。

吳哥曾是一個繁榮六百多年的王朝，但它的文化竟在歷史的長河中忽然中斷了。有人認為這是外敵入侵所致，但外敵入侵只可能導致王朝的更迭，卻不可能使一個民族消失。據考察，在吳哥地區過去曾有一百萬以上的人口，而現在這些人們到哪裡去了呢？至今這還是一個未解之迷。

新知博覽——馬爾他島的古巨石

在利比亞與西西里島之間，有一座著名的小島——馬爾他島。一九〇二年，在首府瓦勒他一條不引入注意的小路上，有人蓋房子時在地下發現了一處洞穴。後來人們才得知，原來有一座史前建築埋藏在此。它由上下交錯、多層重疊的多層房間組成，裡邊還有些進出洞口和奇妙的小房間，旁邊還有一些壁孔大小不等。直接由巨大石材鑿成的大圓柱和小支柱聳立在中央大廳，支撐著半圓形的屋頂。整個建築都線條清晰，稜角分明，甚至連粗大的石架也沒有發現用石頭鑲嵌補漏的地方。整個建築共分三層，最深之處達十二公尺。

令人百思不解的是，在史前的石器時代，當時的人為何會花費這麼大的精力來建造這樣一座巨大的地下建築呢？十一年後，在馬爾他島的塔西安村，巨大的石製建築又一次被發現。經過挖掘和鑒定，考古學家認為這不僅是石器時代的一座廟宇廢墟，同時也是最大的歐洲石器時代遺址。

這座廟宇約在五千年前建造而成，占地八萬平方公尺。整個建築具有精巧的布局，精美的螺紋雕刻可見於很多祭壇。在馬爾他島上的哈加琴姆、穆那德利亞、哈爾薩夫里尼，曾精心設計的巨石建築遺跡曾被考古學家幾次發現。同樣用大石塊建造的哈加琴姆的廟宇是最複雜的石器時代遺跡之一，至今仍有些「石桌」未確定其用途。

最令人費解的是「蒙娜亞德拉」神殿，又稱「太陽神」廟，其實是一座非常精確的太陽鐘。透過投射在神殿內的祭壇和石柱上的太陽光線的位置，可使夏至、冬至等主要節令準確顯示。而更令人震驚的是，透過推測太陽光線與祭壇的關係，便可確切得出這樣一個結論：這座神殿建成於西元前一萬兩千多年。神殿的建造者們居然能具有如此高深的天文和曆法知識，能對太陽光線的位置做出周密的計算，並設計出如此精確的太陽鐘和日曆柱！

不少學者研究表明，在天文學、數學、曆法、建築學等方面，馬爾他島巨石建築的建造者們都有極高的造詣。有些研究者甚至推測判斷節令的曆法標誌，還可用作視向線觀察天體的甚至能當作一臺巨型電腦準確預測日食和月食。

石器時代的馬爾他島居民的智慧真有如此之高嗎？果真如此，那這些知識他們是怎樣獲得的呢？為什麼他們在其它領域沒有相應的發展呢？而這些知識為何又莫明其妙地中斷了呢？這一切，至今仍沒有答案。

尼雅古城

二十世紀初，在中國新疆塔克拉瑪干大沙漠南緣的尼雅河畔，英國人斯坦因（Marc Aurel Stein）發現了一座古城遺址，並從這裡挖掘出十二箱封存有千年之久的各種珍貴文物。當他把這些文物被帶回英國時，西方學者深感震驚。這就是被稱為「東方龐貝」的尼雅遺址。

歷史記載，東漢時期的名將班超，為了抗擊匈奴，穩定西域，曾駐紮西域數十年。他依靠自己傑出的政治、軍事、外交才能，聯合當時的西域三十六國抗擊匈奴侵略，威鎮西域，留下了「投筆從戎」的千古佳話。有人提出，中國史籍中所記載的西域三十六國之一的精絕國，就是斯坦因所發現的尼雅遺址。

精絕國位於塔克拉瑪干大沙漠南緣的崑崙山下，曾接受漢王朝西域都護府統轄。因精絕地處絲綢之路上的咽喉要地，雖為小國，但地理位置非常重要。精絕國曾為一片綠洲，然而卻於西元三世紀後突然消失於歷史中。

曾經銷聲匿跡的的精絕國因斯坦因的發現，又驚現於世。然而，精絕國當初是如何消失的？璀璨的綠洲何以變成了死亡的廢墟？

對尼雅古城的發掘

一九〇一年，尼雅遺址被英國人斯坦因首次發現。一九〇六年，斯坦因又再度對該遺址進行調查，共發掘出五十三處廢址，掘獲七百二十一件佉盧文木簡，數餘件漢文木簡、木牘，以及武器、樂器、毛織物、絲織品、家具、建築物件、工藝品和稷、粟等糧食作物。同時，他還對遺址進行了測繪。

此後，一九一三年和一九三一年，斯坦因又分別來過兩次。新疆博物館等機構於一九四九年後組織專業團隊，多次調查和搶救性清理了尼雅遺址。新疆重大考古發現之一的東漢夫婦合葬墓，便是一九五九年從從尼雅遺址發掘出來的。除兩具乾屍外，墓中還出土了一批珍貴文物，其中出土的藍底卉染棉布殘片和棉布褲，被認為迄今為止所見於中國的最早棉織物。一九九五年，漢晉夫妻合葬墓由中日尼雅遺址聯合考察隊發掘而出，為新疆乃至全國考古史上所罕見。

透過科考查明，尼雅遺址位於尼雅河末端被黃沙埋沒的一片古綠洲上。掩埋在古尼雅河谷的沙丘鏈之間的古遺址散處，以佛塔為中心，呈帶狀南北延伸二十五公里，東西延展五到七公里。規模不等、殘存程度不一的眾多房屋遺址、場院、墓地、佛塔、田地、畜圈、渠系、池塘、陶窯和冶煉遺址等散布在這片狹長的區域內，各類遺址多達七十處以上。經考證，尼雅遺址就是《漢書．西域傳》中記載的有「戶四百八十、口三千三百六十、勝兵五百人」的精絕國故地。

尼雅遺址的驚人發現

一九九五年，考古人員發現了尼雅I號墓地，中國國家文物局將之評為當年「全國十大考古發現之一」，也使得尼雅遺址更加為世人矚目。

在這次考古過程中，一千平方公尺範圍內共發掘了八座屬社會上層統治集團的墓葬，而且有極其豐富、等級較高、保存完好的隨葬品。可分為陶器、木器、鐵器、漆器、弓矢、紡織品、料珠等種類，尤其是出土了一批色彩絢爛、花紋繁縟的線織品和精美毛織品，如被定位國寶級文物的「王侯合昏千秋萬歲宜子孫錦衾」、「五星出東方利中國錦護膊」，還有「延年益壽長保子孫」、「登高明望四海貴富壽為國慶」、「金池鳳」等華麗織錦，色彩炫麗，保存完好，實屬罕見。而出土的大量的佉盧文檔案，更讓考古學家們欣喜若狂。

佉盧文最早起源於古代犍陀羅，是西元前三世紀印度孔雀王朝阿育王時期的文字，全稱「佉盧虱底文」，在印度西北部和現在的巴基斯坦一帶最早使用，傳播於西元一至二世紀時的中亞地區。西元四世紀中葉，佉盧文隨著貴霜王朝的滅亡也隨之消失；到了十八世紀末更是成了死文字，無人可識，其中奧祕直至一八三七年才被探明。但問題是，西元三世紀時佉盧文在產生它的印度消失了，卻又怎麼突然流行於在異國他鄉？沒人能解開這個謎底。

透過解讀佉盧文發現，尼雅王國長期受來自西南方「SUPIS 人」的威脅和入侵。木牘文字表明，SUPIS 人對尼雅王國的威脅到入侵是一步步加深的，如「SUPIS 人之威脅令人十分擔憂，余等將對城內居民進行清查」；「現有人帶來關於 SUPIS 人進攻之重要消息」；「現來自且未知消息說，有來自 SUPIS 人之危險……兵士必須開赴，不管有多少軍隊……」顯然，尼雅人對 SUPIS 人的強大進攻無法抵禦。然而，用來保存佉盧文的陶甕卻密封完好，未曾拆閱，大量的食物仍留在儲藏室內，甚至在紡車上還有一縷絲線存留。這一切似乎告訴人們，尼雅王國是在面臨長期的入侵威脅後，突然遭到了慘重的致命一擊，甚至沒有留下最後的文字記載。

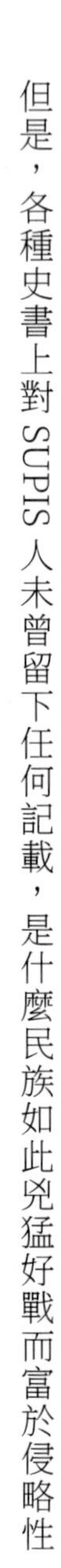

但是，各種史書上對 SUPIS 人未曾留下任何記載，是什麼民族如此兇猛好戰而富於侵略性呢？是他們滅絕了尼雅王國嗎？

尼雅是如何消失的

關於尼雅消失的原因，很多學者說法不一，有的說是由於戰爭，有的則認為是自然災害。

如果真是戰爭所致，那麼又有令人難以解釋的地方。因為在所有遺址當中，不僅沒有燒毀、砍砸房屋等人為破壞的跡象，更不見橫屍遍野的戰爭跡痕。相反，在屋內牆壁旁還整齊地擺放著未開封的佉盧文書，在地上放著捕鼠的夾子，連儲藏室內的米也沒帶走，房屋的立柱、門板、窗戶，屋外的欄杆和室內爐灶、烤囊爐，樣子也一如當年。甚至還有一副完整的狗骨架發現於一處房屋內的柱礎旁。

種種跡象表明，人們的撤離是比較從容的。房屋內留下的遺物較少，珍貴和常用物品都被隨身帶走了，笨重家具等無法搬運的東西都擺在原地，原封不動，根本不像經歷過一次血雨腥風的洗劫，也不是出自一家一戶的個別行為，一切都像是有計畫的大規模全面撤離。因此，認為是戰爭將尼雅古城摧毀這種說法站不住腳。

那麼尼雅家園的廢棄，會不會與自然條件的逐漸惡化有關呢？

尼雅河作為尼雅人賴以生存的水源，其河水來自崑崙山上的皚皚白雪。北坡的崑崙山脈氣候寒冷，終年低溫，降雪不能全部融化，山上五千公尺到五千七百公尺被稱為永久雪線，以上為終年積雪區。如同固體水庫一樣的山上冰雪，在冷季貯存起大量的水，在暖季則逐漸融化，補給河流，哺育著河邊的尼雅人。當然，尼雅河的水量由於自然因素也會有所變化，由固態的水轉化為液態的水，肯定會影響這裡的生存環境。倘若尼雅河水量某年或接連幾年減少，失去水資源後的末端的人便無法與環境相抗衡。如果當地人不懂得保護環境，過量使用水、植被等資源，肯定會給其生活帶來嚴重負面影響。因風力不斷變化位置，沙漠邊緣地區沙丘使河流不斷改道，田地荒蕪，地皮龜裂，樹木枯亡，居民因無法生活，就不得不最終離開故土。

不過，導致缺水的原因可能是一場特大風沙、罕見的乾旱自然原因，也可能是一場瘟疫、一次戰爭等人為造成。最可怕的可能是自然和人為因素疊加在一起。在西域古國間的爭奪中，即使失敗的一方尚存，如果行政管理系統遭到破壞甚至崩潰，那麼水利灌溉系統就會無人管理。像這樣一個以依賴一條不時改道、流量不大的水源為生的特殊地區，一旦缺乏對水利系統強而有力的管理，就會很快失控，無法生存。如果是在這種情況下人們被迫離開，那麼是有足夠時間慢慢撤離。

這些對尼雅古城消失的推斷也許只是想像。但尼雅消失之謎，絕不亞於數學中的哥德巴赫猜想(Goldbach's conjecture)，它需要跨學科的綜合研究，和複雜、嚴密的科學論證，才能逐漸逼近真實；當然，最終的結論也可能是永遠無解。

歷史側影——玫瑰古城佩特拉

佩特拉古城位於約旦安曼以南兩百五十公里處，隱藏在一條連接死海和阿卡巴灣的狹窄峽谷內。

佩特拉古城以岩石色彩聞名於世，並由此而被稱為「玫瑰古城」。實際上，這裡的岩石除了紅色外，還有淡藍、橘紅、黃色、紫色和綠色等。佩特拉究竟是何時被建造，目前還沒有定論，但從其中陵墓半埃及、半希臘的樣式估計，佩特拉始建於西元前六世紀後，很可能是托勒密王朝時期，即西元前三世紀到西元前二世紀。

佩特拉曾是古代納巴泰人（Nabataeans）建立的都城。西元前六世紀，約旦阿拉瓦的東部被阿拉伯游牧民族納巴泰人的部落控制，並從阿拉伯半島北移進入該區。西元前三一二年，納巴泰人定居於此。在他們建造的眾多安居地中，最突出的就是首都佩特拉：這是阿卡巴與死海間的一片長長峽谷區。由於控制了重要的貿易通道，納巴泰人因此而變得強大而富有。

到了西元一〇六年，被羅馬帝國軍隊攻陷的納巴泰王國，淪為羅馬帝國的一個行省，並曾一度作為羅馬東部省城的佼佼者，擁有諸如廣場、公共浴室、劇場之類的所有古羅馬文化常有的建築。在羅馬人的統治下，佩特拉也一度繁榮昌盛。羅馬工程師們鋪築商道，改進灌溉設施。可是，作為該城經濟支柱的佩特拉貿易卻開始發生變化：越來越多的貨物依靠海上運輸，它的部分生意被亞歷山卓搶走；陸地運輸也有異動，在它的北部，羅馬人興建了一條大路，將敘利亞的大馬士革與美索不達米亞（現在的伊拉克）聯通，將更多的運輸貿易掠走。所以到了西元三世紀，佩特拉的經濟實力和財富就已大大削弱。此後，佩特拉的重要性隨著貿易路線的改變而大為降低，並最終被遺棄。在後來的漫長歲月中，除了阿拉伯沙漠中的游牧民族貝都因人外，更是少有遊人問津此地，佩特拉也只為當地部落的居民所知。

佩特拉於西元四世紀又淪為拜占庭（或稱東羅馬帝國）的一部分，它在這期間成為一座基督教城市，東正教將此作為其居住地。

伊斯蘭教於西元七世紀東山再起，由阿拉伯地區迅速波及到西亞和北非地帶。日趨強大的伊斯蘭帝國最終控制了從西班牙到阿富汗的廣大地區，佩特拉區又成了伊斯蘭帝國的一個小省，此後逐漸成為一座廢棄的空城，鮮為人知。

烏爾的發掘

烏爾是西亞著名的古代城市，位於伊拉克的穆蓋爾（Mouguerre）。大約西元前五千年到前四千年，蘇美人開始在烏爾定居，西元前四千年到前三千年這裡形成了城市，並發展成為一個非常強盛的國家。

到了烏爾第三王朝（西元前二一一三～前二〇〇六年）時，烏爾成為該王朝的首都，並與波斯灣及印度洋等地區都有貿易往來。此後，烏爾長期隸屬於巴比倫等王朝和波斯帝國，屬於當時兩河流域南部的宗教和商業中心。到西元前四世紀中葉，由於幼發拉底河改道，烏爾周圍地區的灌溉系統遭到了嚴重的破壞，良田也逐漸變成沙漠，烏爾也逐漸衰落，最後被湮沒消失。

皇家陵墓的葬俗

從十九世紀中葉開始，很多考古學家便開始發掘烏爾。到了一九二〇年代，英國考古學家倫納德·伍利爵士（Leonard Woolley）就在發掘烏爾時，發現了國王陵墓中的喪葬習俗。

大約在西元前四千五百年，烏爾還是美索不達米亞幼發拉底河畔剛剛建立起來的一個小村落。而發展到約西元前兩千五百年時，它已成了一個繁榮的城市，是位於美索不達米亞南部的蘇美首都。在金字塔形的神殿附近，考古學家伍利發現了一座皇陵，這裡包括有十六座大墓，伍利稱它們為「死亡地窖」，也是蘇美國王和王后的墓地。但這些王族成員並非單獨被埋葬，而是讓朝臣和僕人們都一起殉葬！

在當時，如果國王和王后死後，屍首就會被放入墓室，此時所有朝臣、僕人和樂師們也都難逃厄運，就會隨之進入這個死亡地窖。他們會穿上最漂亮的衣服，手捧黃金、珠寶和其他等祭品，在陵墓飲毒後，再一排排有序地躺下等死。

在一座皇陵中，伍利發現了烏爾的皇家用品——一個空心的盒子。在盒壁上，描繪著眾多和平與戰爭的圖案，這些圖案都是用貝殼和天青石製作出來的。這些用黃金和天青石做成的灌木叢中的山羊，就是人們帶入陵墓的隨葬品。

令人驚訝的是，王后的身邊不僅有四個馬夫，還有一排屍體，可以說屍體排滿了兩間相連的墓室。考古人員現，共有二十三位殉葬者安靜地隨著這位王后下葬，一位殉葬者臨死時還把一隻手優雅端莊地放在豎琴弦上。

與王后普阿比（Puabi）相鄰的另一座墓穴中，裡面也有一具身分不明的男屍。人們猜測他可能就是烏爾的國王。

通往這個墓穴的整條道路，是個更大的死人坑，坑裡到處都是殉葬的衛兵和動物的屍體。所有屍體都神態安詳，沒有暴力跡象。

有人認為，可能是某種藥物的作用，才使得這麼多的人如此順從地死去。當然，這也只是一種假想，烏爾墓穴裡的殉葬者究竟是自願還是被迫？目前已無法知曉。

烏爾的塔廟

在烏爾址殘留的建築物中，最重要的宗教建築就是塔廟。烏爾塔廟，最初是由蘇美人建造於西元前二一一二年~前二〇九五年的烏爾那木（Ur-Nammu）國王統治時期，是一座堅實的磚體，基底長六十四公尺，寬四十六公尺。

整座塔廟都是建造在瀝青基礎之上的，為磚坯築成的多層建築物，一般是一座神殿的塔樓，其外形看上去酷似金字塔。牆體向內傾斜，外形猶如分層的金字塔；下面幾層沒有內室，實際就是一層層的臺基。烏爾塔廟共有三道臺階，每道一百級，通往第一層和第二層平臺之間的門廊。從這裡再經過一道臺階後，便能通往塔廟的頂部和祭奉安努（Anu）的小聖壇。

在所有的塔廟當中，最精緻的一座是供奉烏爾王的保護神、月神南納（Nanna）的塔廟。該廟建於西元前二十二世紀的烏爾那木統治時代，高約十二公尺，共分三層，基部為長方形，面積為64m×46m。塔廟的頂部還築有一座小的神殿，為月神南納的寢宮，也是整個塔廟的中心。神位放在寢宮的壁龕內，塔廟的四周是廣場，被稱為聖區。

塔廟的東北角是另外一座較小的塔廟，旁邊是祭司的住房。東南邊的一組建築，為供奉南納和其妻寧伽爾（Ningal）的兩座神殿、一些小廟宇及女祭司的生活區。

烏爾塔廟的大部分經過漫長的歲月後依然堅立著，這也是蘇美人留下的最重要的建築。先知亞伯拉罕出生並居住在烏爾，當時該城位於一片翠綠的農田中，周邊有一條護城河；而現在的烏爾，則位於一片差不多被沙丘所覆蓋的沙漠區。幼發拉底河也不再流經烏爾，它已改朝另一個方向流去了。

根據現有的考古材料，最早的塔廟建築年代，應不早於烏爾第三王朝。兩河流域地區所有的塔廟遺跡中，以烏爾的保存得最為完好。這些塔廟也表明，在西元前三千年時的蘇美，其建築師已開始運用圓柱、拱廊、拱門、拱形圓頂等基本建築形式了。

烏爾王陵的考古價值

考古學家在烏爾共發現大大小小的墓葬兩千五百多座，但其中大多數已經被盜掘，其中有十六座王陵屬烏爾第一王朝。每座王陵都有大規模的穹窿頂墓室，附有幾個側室，都是用石或磚建造。

烏爾王陵以其豐富豪華的隨葬品和人殉為主要特色，隨葬品中包括珠寶、鏤孔金杯、金牛頭豎琴、帶青金石劍柄和黃金劍鞘的短劍、金琉璃頭飾、青金石製作的圓筒印章，以及用貝殼、黑曜石、紅石為材料鑲嵌、黏合成的各種飾物等。每座陵墓的殉葬人最少為三人，最多可達七十四人。

烏爾王陵的隨葬品反映了當時烏爾邦的生產力、藝術水準及與西亞其他地區的往來情況，也說明奴隸主貴族掠奪、剝削來的財富已達到驚人的地步。

一九二二～一九三四年，英國考古學家伍利又領導大英博物館與美國賓夕法尼亞大學聯合考古隊，大規模系統發掘王陵。烏爾址的早期地層堆積，分屬歐貝德文化（Ubaidian）和烏魯克文化（Uruk）；晚期地層堆積屬蘇美早王朝及以後各時代。這一遺址的發掘，為了解兩河流域南部的早期歷史提供了豐富的實物資料，對研究這一地區階級分化、國家產生等問題有著重要的意義。

相關連結——烏爾王國的興衰史

大約在西元前二十世紀中後期，美索不達米亞進入了群雄並起的時代，烏魯克、烏爾、尼普爾（Nippur）、基什（Kish）及北方的阿卡德人等，都是美索不達米亞平原上的強者。其中，烏爾在烏爾王的統治下，逐漸成為一個軍事超強者。

古代的烏爾位置既有利於對阿拉伯半島的海上，又有利於陸上的貿易，在這段時間裡，烏爾精心設計了許多陵墓。當烏爾的國王成為蘇美的統治者後，這個王朝就被稱為第一王朝。

西元前二三四〇年左右，烏爾第一王朝被阿卡德的薩爾貢一世消滅。

從烏爾第二王朝後期起，烏爾的軍事實力開始逐漸下降，對鄰近地區的控制力也逐漸削弱，不再擁有當年的風光。而與此同時，阿卡德人卻逐漸強盛起來，肥沃月彎上的政治勢力開始此消彼長。

烏爾第三王朝的建立者是烏爾那木，在他的統治時期，烏爾建造了許多廟宇，包括今天留下來的神殿，農業灌溉也獲得改善。而《烏爾那木法典》（Code of Ur-Nammu）也成為世界上最早的檔案。一九五二年，考古學家在伊斯坦堡發現了它的殘片，比《漢摩拉比法典》還早。流傳到今天的蘇美文學作品之一，描寫的就是烏爾那木的死，和他死後在陰世的旅行。西元前兩千年左右，埃蘭人（Elam）消滅了烏爾第三王朝。

後來，伊辛（Isin）第一王朝又趕走埃蘭，占據了烏爾，以烏爾第三王朝的繼承者自居。從此以後，烏爾在政治上便不再重要了。

尋找北京人

北京人的故鄉，在今天的北京西南約五十公里處的周口店龍骨山。以前的周口店不過是個普通的小鎮，鎮東南面是一片華北大平原，西面和南面則是太行山脈的一部分。而龍骨山就坐落在這裡，但龍骨山卻沒有太行山的巍峨，它只是一座呈饅頭形的低矮小山坡，山上盛產石灰石，據說從宋代開始就有人在這裡開山燒石灰了。

石灰岩很容易被地下水穿透，形成洞穴和裂縫。而在這些洞穴和裂縫中，又藏有許多珍貴的動物化石，其中就包括北京人化石。當地的老百姓將這些化石稱為「龍骨」，並將這些龍骨挖出來賣給藥店做藥材，龍骨山就是如此得名的。人們日復一日、年復一年地在山上燒石灰、挖龍骨；而北京人則默默地躺在某個洞穴深處，外面的一切似乎都與他們無關。

安特生的發現

十九世紀後期，達爾文的演化論逐漸開始深入人心，人們也開始接受人猿共祖的觀點，科學家們也更急於要用化石來探求人類演化的歷史。

一八九一年，一位名叫杜布瓦（Eugène Dubois）的荷蘭人，在爪哇發現了原始人的頭蓋骨和腿骨化石，並將其取名為爪哇猿人（*Homo erectus erectus*）。但由於這些頭蓋骨年代久遠，人們不太敢相信杜布瓦的結論。

二十世紀初，德國科學家施洛塞爾（Max Schlosser）從一包從中國帶去的「龍骨」中，發現了一顆很像人類牙齒的化石，但他也不能貿然斷定這就是人類的牙齒。但這顆牙齒卻引起了瑞典地質學家安特生（Johan Gunnar Andersson）的興趣。

一九一四年，安特生應北洋政府之邀，來到中國任礦政顧問，這讓安特生有了接觸「龍骨」的機會。一九一八年，安特生得到了一包「龍骨」，並被告知是從周口店附近的雞骨山上採集到的，安特生聞訊，馬上趕到雞骨山區考察。

一九二一年，奧地利學者師丹斯基（Otto Zdansky）來到中國，準備與安特生一起研究中國古生物化石。安特生與師丹斯基一起到雞骨山尋找化石，在這裡，他們遇到了當地的一位老農，這位老農將他們帶到了龍骨山。第一天，兩位學者就在這裡採集到了腫骨鹿（*Megaloceros pachyosteus*）的化石。在採集過程中，安特生發現地層的一些堆積物裡，有許多帶有刀刃的脈石英碎片，他覺得用這種東西來切割獸肉很適合，就此推測：古人會不會就用這種東西來切割獸肉食用呢？

兩人在龍骨山挖了幾個星期，帶回了許多化石，但始終沒有發現人類化石，只有一顆類似人類牙齒的化石，但師丹斯基也不能確定它就一定是人類牙齒；五年後，師丹斯基在重新整理這些帶回國的化石後，又發現了一顆比較明確的人類牙齒，但他仍沒有提出比較絕對的結論。

與師丹斯基不同，安特生此時恰好趕上瑞典王子訪華，他便趁機向外界宣布了這一重大發現。消息立刻傳了出去，不過仍有人因為沒有發現頭蓋骨化石而不敢認同安特生的觀點。不過，在龍骨山發現古人類牙齒化石這件事，還是引起了相當的重視。很快，一項發掘龍骨山化石的計畫緊跟著頒布了。

第一顆北京人頭蓋骨的發現

一九二七年，在時任北京協和醫學院解剖科主任的英籍加拿大學者步達聲（Davidson Black）的宣導下，中國地質研究所和北京協和醫學院協議聯合發掘周口店龍骨山。第一年的成績就很斐然，一共獲得了五百多箱的化石，中國考古人員開始了尋找祖宗的戰鬥。瑞典生物學家步林(Birger Bohlin)從中找到了一顆完好的人牙化石，據研究，這是一顆成年人的臼齒。據此，步達聲建議，將新發現的化石人種定名為中國猿人北京種（*Sinanthropus pekinensis*），俗稱北京人。

可惜的是，在這五百箱的化石中，共發現兩塊北京人右下頜骨，其中一塊還連著三顆完整的臼齒，但仍沒能找到頭蓋骨。

一九二八年底，發掘隊在發掘過程中遇到了堅硬的石層，這一層也是北京人居住的山洞的洞底，裡面化石稀少。其實這並非真正的洞底，後來人們才知道這是一層含有化石的灰燼層。到了一九二九年，由於發現越來越少，很多人逐漸離開了龍骨山，山中的發掘指揮工作由一個叫裴文中的年輕中國學者擔任。

裴文中在艱難的發掘工作中，頑強地指揮大家挖掉了硬石層，但卻沒有任何發現。裴文中又堅持了兩天，最終在挖掘地點的北部發現了一個很深的小洞，進去後發現裡面有很多的化石，並在其中找到了一顆很完整的頭蓋骨。經研究測量，這顆北京人頭蓋骨的厚度比現代人的頭蓋骨要厚很多。

幾天後，裴文中將這顆頭蓋骨包裝完整，親自送到了步達聲的手中，由其親自修復。中國地質學會也舉行了特別會議，宣布了裴文中的重大發現。不久消息就傳遍了世界，全世界的史前學家、古人類學家及對人類演化感興趣的人，都集中到了周口店。北京人頭蓋骨的發現，證實了爪哇猿人的存在，也證明了中國是人類的起源地之一。

陸續發現的北京人化石

一九三〇年，除了發現人類化石外，考古人員還發現了石器，發現了北京人用火的痕跡。

一九三一年，龍骨山又來了一位年輕的考古人員，他叫賈蘭坡。在一九三三年到一九三四年間，由於山頂洞的發現，考古人員還從中找到了晚於北京人的「山頂洞人」，從而填補了中國新石器時代古人類化石的空白。這時，裴文中要赴法國留學，山上的發掘工作就交給賈蘭坡。不過直到一九三五年，這裡並沒有再發掘出令人驚喜的發現。

但皇天不負苦心人，一九三六年十一月，賈蘭坡等人在這裡又發掘出了兩顆頭蓋骨。消息對外發布，再次震驚世界。不久後，賈蘭坡又發現了第三個頭蓋骨，而且這顆頭蓋骨不像過去發現的那麼破碎，而是保存得相當完整，甚至連部分鼻骨、眼骨等都有。在短短兩週內發現了三顆頭蓋骨，這個消息實在令人激動。

只是也有令人遺憾的地方，那就是至此始終沒有找到四肢的骨骼；不過一九五一年賈蘭坡在整理化石標本時，終於認出了北京人的一段上臂骨和小腿骨，從而彌補了研究的缺憾。北京人的上肢已經很接近現代人，而下肢還比較原始，平均腦容量為一千零九十五立方公分。

然而不幸的是，一九三七年日本侵華，尋找北京人的工作被迫停止；更遺憾的是，太平洋戰爭爆發後，珍貴的北京人化石標本，竟然在美國人手中弄丟了！

原來，北京人化石標本一直藏在北京協和醫學院解剖科的保險櫃中，一九四一年後，日美關係惡化，北京人也變得岌岌可危。為了安全起見，研究所的負責人員決定將其轉移到紐約自然史博物館。於是北京人被裝入兩個大木箱中，由美國海軍陸戰隊負責押運。然而，途中珍珠港事件爆發，運送北京人的美國海軍陸戰隊專用列車在秦皇島被截，從此北京人下落不明，儘管戰後多方查找，仍沒有任何線索。

一九四九年後，地質學家又重新開始在龍骨山挖掘北京人遺址，並又發現了五顆牙齒和一個相當完整的下頜骨，以及一個完整的頭蓋骨。不久後，考古工作者又在陝西藍田和雲南元謀，發現了與北京人處於同一發展階段的「藍田人」和「元謀人」。

延伸閱讀——藍田人與元謀人

藍田人是於一九六三年發現的，在距陝西省藍田縣十六公里的公王村後的公主嶺。當時考古人員到達公王村時，正趕上下大雨，大家就聚在一個小商店裡躲雨閒聊，不知不覺話題就扯到「龍骨」。村民一聽，馬上熱情地告訴他們，在公王村後面的公主嶺上就有許多「龍骨」。考古人員一聽，就決定在公主嶺上挖；三天後，大家在這裡共挖出了五箱化石，其中包含猿人的兩顆牙齒、一塊上頜骨和一個頭蓋骨。

一九六五年，幾個青年地質學家在雲南元謀縣考察時，經一位老人指點，在上那蚌村的山溝中找到了元謀人的兩顆門牙。

藍田人和元謀人的發現，也進一步證實了中國是人類的起源地之一。今天在北京人的遺址中，共發現一百五十多顆牙齒、六個頭蓋骨和一些肢骨，還發現了幾萬件石器和用火的痕跡，以及大量的動物化石。

殷墟的發現

位於河南省安陽市洹水兩岸的殷墟，是中國第一個有文獻記載並為甲骨文和考古發掘所證實的商代都城遺址。從一九二八年開始，考古工作者在殷墟先後發現了一百一十多座商代宮殿宗廟建築基址、十二座王陵大墓、洹北商城遺址、兩千五百多座祭祀坑和眾多的族邑聚落遺址、家族墓地群、手工業作坊遺址和甲骨窖穴等，出土了數量驚人的甲骨文、青銅器、玉器、陶器以及骨器等精美文物，使三千三百多年前中國古代商都的風貌得以全面展現，為這一歷史提供了可靠證據。

「龍骨」引出殷墟

關於殷墟的發現，還要從河南省安陽市小屯村出土的「龍骨」傳說起。

小屯位於安陽市西郊洹河岸邊，因這一帶地勢較高，自從戰國特別是隋唐以來，一度被當作埋葬的理想地點；直到明朝時，才逐漸有人移居到此。所以，小屯村距今只有幾百年的「村史」。

清代末期，小屯的村民在耕作時，經常會從地下挖出一些碎骨片。一開始他們並沒在意，將這些碎骨片順手丟棄。直到十九世紀末，當地村民中忽然興起了一個傳聞，說這些碎骨是可以治病的所謂「龍骨」。人們聽了這樣的傳聞，紛紛收集這些碎骨片，或留作己用，或賣到中藥鋪。從此，「龍骨」就被源源不斷地從地下掘出。

一八九九年，官居清朝國子監祭酒的金石學家王懿榮偶然患了瘧疾，就派人到北京城內的藥店購藥。在購回的藥中，有一味即是「龍骨」。

王懿榮平時較為細心，他親自察看買回的各味中藥，發現所謂的「龍骨」其實是龜甲或獸骨的碎片；而令他吃驚的是，在一些碎甲片或骨片上還刻著符號。由於王懿榮是個金石學家，他的文字學知識，讓他立刻意識到這些「符號」的重要性。於是他一面派人到藥店買回更多的「龍骨」，一面開始研究龍骨上的「符號」，結果認定這些符號是商代文字。由此，他成為甲骨文的第一位發現者以及第一位甲骨收藏家，被稱為「甲骨文之父」。

商代甲骨文被發現的消息很快就傳開了，許多學者也加入到收藏甲骨的行列中。經考證認為，小屯就是文獻上所說的殷墟。隨後，考古學家又考據了這些甲骨文上的資料，進一步證實這裡就是盤庚遷至的都城。

為了尋找更多的甲骨，在一九二八年到一九三七年間，考古學家對殷墟進行了十五次發掘，後因抗戰而中止；一九五〇年，發掘工作又重新開始。在此期間，考古人員在殷墟內共找到有字甲骨八百餘片，銅、陶、骨、蚌等若干。

一九二九年，考古人員又對殷墟進行了第二次發掘，這也是首次對殷墟進行正式發掘。

一九三一年，中國首次在高樓莊後岡發掘中應用了地層學原理，使殷代、龍山和仰韶文化發展序列得以理清。

一九三四年至一九三五年，發現了墓坑棋布、文物豐富的侯家莊西北岡商王陵區，一時學界轟動。

一九三六年，殷墟第十三次發掘，在一處編號為YH127的窖穴中，考古人員發現了形狀規整、數量龐大、積疊有序的甲骨，這也是殷墟發掘以來出土甲骨最多的一次。

一九五〇年，武官村大墓發掘。

一九七六年，小屯西北地發現了保存完好的商王武丁配偶婦好之墓；到一九八六年，對十幾個點的挖掘已有二十多次，共獲十五萬片左右的刻字甲骨。

殷墟的兩處重要遺跡

隨著殷墟的發掘，宮殿宗廟和殷墟王陵這兩處重要的遺址也浮現出來。

殷墟宮殿宗廟遺址是中國考古學的誕生地、甲骨文的發祥地。一九七三年以前，這裡發掘的建築基址達五十三座，是殷墟宮殿宗廟區的主體和殷王都的全盤規劃、布局結構的重心，考古學者將其劃分為甲、乙、丙三組基址。甲組建築基址共發現十五座，其建築宮在殿宗廟區內建設時間最早、使用時間最長，被認為是商王室的宮室和寢居之所；乙組建築共發現二十一座，多數具有繁雜的結構和巨大的面積，被認為是殷王室的宗廟建築；丙組共發現十七座，被認為是商王室的祭壇建築。目前，在宮殿宗廟區已有八十餘座大型夯土建築基址被發現，這些建築氣勢宏大、布局嚴整，按「前朝後寢、左祖右社」的中國古代宮殿建築格局依次排列，分布在以宮殿區為中心的範圍內。

作為一九二八年以來殷墟宮殿宗廟區內最重要考古發現之一的婦好墓，也是殷墟發掘以來，所發現唯一保存完整的商代王室成員墓葬。婦好墓南北長五百零六公尺，東西寬四公尺，深七公尺半。墓上建有享堂，甲骨辭將其稱為「母辛宗」。該墓還有很多隨葬品如青銅器、玉器、骨器等，以及海貝六千八百枚出土。這些隨葬品不僅種類豐富，而且造型新穎，工藝精湛，堪稱中國國寶，這也充分反映了商代極為發達的製造水準。考古學者根據該墓的地層關係及大部分青銅器上的銘文，認定該墓的主人是商王武丁的配偶婦好。婦好墓也是目前唯一能與甲骨文聯繫，並能斷定年代與墓主人身分的商王室成員墓葬。

另一處著名的遺址是王陵遺址，位於安陽市洹河北岸的武官村北地。殷墟王陵遺址是殷商王朝的陵地與祭祀場所，是中國目前已知最早、最完整的王陵墓葬群，被學術界公認為殷商時期的王陵所在。殷墟王陵遺址和殷墟宮殿宗廟遺址、洹北商城遺址等共同組成了殷墟遺址。

殷墟「青銅之王」

殷墟發掘中出土了大量青銅器，這些精美的青銅器在世界上都獨一無二。僅在一九七八年的考古發掘中，就有四千餘件青銅容器出土，司母戊鼎就是殷墟出土的最大青銅器。

立耳、方腹、四足中空的司母戊鼎，只有身體四面中央是無紋飾的長方形素面，除此之外，其餘各處均有紋飾。在細密的雲雷紋之上，各部分主紋飾形態各異。鼎身四面以饕餮作為紋飾見於方形素面周圍，四面交接處則以扉稜飾之，扉稜之上為牛首，下為饕餮。鼎耳外廓有猛虎兩隻，虎口相對，中含人頭。以魚紋飾其耳側。四支鼎足在紋飾上各施以獸面在三道弦紋之上，可謂獨具匠心。據考證，司母戊鼎應是商王室重器，無論造型、紋飾還是工藝均達到極高水準，堪稱商代青銅文化頂峰時期的傑出代表。

事實上，安陽的其他一些證據證明，司母戊鼎並不是殷墟中最大的青銅器物。二〇〇三年，考古人員在安鋼進行考古發掘時，曾發現過一個鑄造青銅器的工廠，再其現場有一個鑄造青銅器的內範，表明它是一件圓形青銅器，其口徑達到一百六十公分，比司母戊要大得多。如果這件青銅器真的存在，那麼它一定比司母戊鼎更加壯觀。

要鑄造這種規模、體型的青銅器，就必須有一批熔化青銅器的爐同時工作，而且還要有大量的鑄造工人。這個澆鑄不能間斷，需要系統地協調各個工種，可見當時已有非常嚴密的社會組織。

然而令人疑惑的是，殷商的青銅工業雖然如此發達，但安陽周圍並沒有銅礦及冶煉青銅所必需的錫鉛礦石。對此有學者推測，當時的工匠們可能已學會了在礦石產地冶煉加工，然後再把加工過的粗銅、粗錫、粗鉛等運到這裡配比熔煉。而當時的銅礦很可能採自江西、安徽等長江流域一帶，錫、鉛的礦藏則主要在江西一帶。還有學者推測，商代頻繁的戰爭，也可能與爭奪礦產資源有關。

一個世紀以來，隨著考古的不斷推進，在殷墟內仍有驚世發現，殷墟的範圍也逐漸擴，其也被列為二十世紀中國的「一百項重大考古發現」之首。

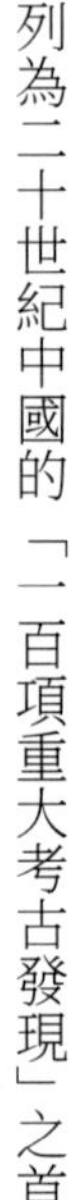

相關連結——甲骨文

甲骨文主要指的是殷墟甲骨文，又稱為「殷契」，是殷商時代刻於龜甲獸骨上的一種文字。甲骨文發現於十九世紀末的殷代都城遺址，被認為是現代漢字的早期形式，有時也被認為是漢字的書體之一，也是現存中國最古老的一種成熟文字。

絕大部分的甲骨文都發現於殷墟，這些甲骨大都是商王朝統治者的占卜紀錄。商代統治者非常迷信，比如經常會占卜十天之內會不會有災禍、天會不會下雨、農作物會不會有好收成、打仗能不能勝利、應該祭祀哪些鬼神，以至於生育、疾病、做夢等諸多事情，也要進行占卜，以了解鬼神的意志和事情的吉凶。占卜時主要以烏龜的腹甲、背甲和牛的肩胛骨為材料，在準備用來占卜的甲骨背面，通常先挖出或鑽出一些被甲骨學教稱之為「鑽鑿」的小洞，占卜時，就在這些小洞上加熱，使甲骨表面產生叫做「兆」的裂痕。然後從事占卜的人根據卜兆的各種形狀來判斷吉凶。

在已發現的殷墟甲骨文中，出現的單字數量已達四千個左右。其中既有大量象形字、會意字、指事字，也有很多形聲字。這些甲骨文記載了涉及商代社會生活等諸多方面的非常豐富的內容，既包括政治、軍事、文化、社會習俗等內容，還涉及天文、曆法、醫藥等科學技術。這些文字在外形上雖與我們今天使用的文字區別甚大，但二者從造字方法來看基本上是一致的。

地下樂宮曾侯乙墓

曾侯乙墓位於湖北省隨州市，曾都區城西兩公里的擂鼓墩東團坡上，是一座呈「卜」字形的大型岩坑豎穴木槨墓。一九七七年秋，當地駐軍在擴建營房時發現該墓。一九七八年三月，中國文物考古部門組織聯合勘探，五月上旬開始挖掘，六月底野外清理首戰告捷。透過出土鐘上的銘文鑒定，墓主人是戰國早期的曾國君主，名乙，故亦稱曾侯乙地宮。

曾侯乙，姓姬名乙，生卒年不詳（據考古發掘推定，生於西元前約四七五年，卒於西元前約四三三年），是戰國時期南方小國曾國的國君。

令人驚歎的地下寶庫

透過發掘，曾侯乙墓中共出土隨葬品一萬五千多件，其中曾侯乙編鐘一套六十五件，是迄今發現最完整、最大的一套青銅編鐘。青銅禮器主要有鑊鼎兩件、升鼎九件、飼鼎九件、簋八件、簠四件、大尊缶一對、聯座壺一對、冰鑒一對、尊盤一套兩件及盥缶四件等。其中，尊盤係用先進的失蠟法鑄造，表現出戰國時期青銅冶鑄業所達到的高超水準。

鐘在中國商朝時期就已經出現，最初只有三到五枚；到了西周，增加到了九到十三枚；戰國時發展成為六十一枚。人們按鐘的大小、音律、音高等把鐘編成組，製成編鐘，演奏悠揚悅耳的樂曲。曾侯乙編鐘共六十五枚，其中一枚屬於戰國時楚惠王贈送的鎛。編鐘分八組，共分三層懸掛在銅、木做成的鐘架上。鐘架全長十點七九公尺，高二點七三公尺，由六個佩劍的青銅武士和幾根圓柱承托著。六十五枚編鐘的總重量達三噸半，重量、體積在編鐘中都是罕見的。鐘上大多刻有銘文，上層十九枚鐘的銘文較少，只標示著音名；中下層四十五枚鐘上不僅標有音名，還有較長的樂律銘文，詳細地記載了該鐘的律名、階名和變化音名等。

墓中還出土了編磬、鼓、瑟、笙、排簫等大量樂器，為考古人員研究中國古代音樂史提供了珍貴的材料。出土的一件漆木衣箱蓋上，還繪有包括青龍、白虎、北斗圖形及二十八宿名稱的天文圖像，說明中國是最早創立二十八宿體系的國家之一。

此外，墓中還出土了金盞、金杯、金帶鉤，及長達四十八公分的十六節龍鳳玉掛飾，是曾侯乙生前奢侈生活的具體寫照。許多青銅器上還標有「曾侯乙乍（作持）」之類的銘文，這也為判定墓主提供了證據。

曾侯乙墓還出土了漆器兩百二十多件，是楚墓中年代最早、也是最為精彩的，而且品類全，器型大，風格古樸，體現了楚文化的神韻。

無獨有偶，一九八一年在擂鼓墩二號墓，考古學家又發掘出了一套三十六件編鐘。經鑒定，二號墓編鐘與曾侯編鐘為同一體系，音色、音律與曾侯乙編鐘都相同，其中八件大鐘與曾侯乙編鐘的音律完全一致。在一號墓出土的鐘體大小銜接處，有一處明顯的空缺，這一空缺正好由二號墓出土的八件大鐘填補。從編鐘的音高分析，二號墓出土的二十八件小甬鐘與八件大甬鐘有別而自成一體，恰好填補了曾侯乙編鐘的高音區，並使曾侯乙編鐘的音域從五個八度擴展到六個多八度。因此，二號墓編鐘也被稱為是曾侯乙編鐘的「姊妹鐘」。兩套樂鐘（鎛鐘除外）合計一百件，百件編鐘可分可合，是一個完整而宏偉的編鐘系列。

曾侯乙編鐘

春秋戰國時代，王室衰敗，祭祀禮儀逐漸遭到冷落。作為祭祀之用的樂舞，也逐漸轉作享樂之用。也正是這種對娛樂性樂舞的追求，導致了這一時期音樂及樂器的空前繁榮。

從曾侯乙墓出土的文物來看，曾侯乙墓出土的眾多樂器最具有代表性。曾侯乙墓共出土編磬四組三十二件，鼓四件，瑟十二件，五弦琴和十弦琴各一件，笙一件，篪及排簫各兩件，而最著名的應該算編鐘了。如此龐大的樂器陣容，簡直就是一個地下宮廷樂隊。

作為振動物體的編鐘，具有許多固有的頻率，受擊時會產生複合音。每個固有頻率都有各自的振動單位，頻率越高，振動單位就越小。音脊和隧的存在，是使編鐘基音得以校準的又一重要因素。音脊和隧位於鐘腔的內部，從鐘口延伸到鉦部下緣，呈突起狀者為音脊，凹狀者就是隧。所有的編鐘鑄成後，都要銼磨音脊和隧處。

出土的編鐘中，最大的一件通高一點五三四公尺，重兩百零三公斤，整套總重量兩千五百六十七公斤，全由範鑄法鑄成。除了銅外，含錫12.49%～14.46%，含鉛小於2％，其他雜質更是很少。這種青銅合金的配比，也使鐘的編鐘的音色豐滿悅耳。整套編鐘的音階結構與現今國際通用的C大調七聲音階為同一音列，總音域包括五個八度，中心音域十二個半音齊備，已趨向十二平均律的律制，可以旋宮轉調。至今，這套編鐘仍能演奏出各種曲調。一九七九年，這套編鐘首次在中國歷史博物館展出，並為各國駐華使節演奏了《楚商》等中外名曲，贏得廣泛讚譽。

延伸閱讀——南越王宮的謎團

西漢南越王墓位於廣州市的象崗山上，是西漢初年南越王國第二代王趙眜的陵墓。趙眜是南越王趙佗的孫子，號稱文帝，西元前一三七年至西元前一二二年在位。該墓於一九八三年六月被發現，挖掘完畢即在原地建立西漢南越王墓博物館。一九八三年發掘時，出土文物中有「文帝行璽」金印一方以及「趙眜」玉印，證明陵墓主人的身分。

南越王墓的出土，可謂中國考古史上的重大奇蹟，也備受海內外矚目。然而，隨著南越王宮「露臉」的部分逐漸增加，留給人們的謎團疑雲也漸漸多了起來。

首先，南越王宮殿目前只挖掘出一號殿的一部分和二號殿的一角，而整個宮殿最精華的部分還埋在地下。據史料記載，秦末漢初時期全國有十多個商都，而嶺南就只有「番禺」這一個重要商都，來這裡經商的人不少都財運亨通。考古專家推測，南越王宮署之外應該還有貿易區（市）、老百姓生活區（坊、裡），以及城牆等，然而這些東西目前卻一點出土的跡象都沒有。南越王宮署只是番禺城的一部分，當時的城在哪裡？城牆修建在什麼地方？目前古番禺城的存在仍然是一個謎。

其次，在宮殿發掘現場，人們發現了多個朝代的珍貴遺跡，而在堆積成山的出土物件中，最令考古學家感興趣的是一枚大約五公分高、質地堅硬、未完成的象牙印章。這枚象牙印章剛好出土在唐代漫道上，在它的周圍還有一些象牙材料、水晶、外國玻璃珠等文物。據推測，這裡曾是唐代的一個特種手工藝作坊。然而，該印章雖沒有打磨完成，也沒有挑字署名，但上面的頭像無論從臉形還是髮式來看，卻都是一個明顯的外國人頭像。從形狀上看，這枚印章不是中國傳統的長方形或正方形，而是橢圓形，而西方印章的形狀正是以橢圓形為主。種種跡象表明，這是一枚為外國人刻的印章。但這枚印章上面的「老外」到底是哪國人？當時的廣州外國人的數量有多少？這些謎底仍待揭開。

在考古學界有一個共識，中國古代的建築是以木為主的，而西方古代建築則是以石為主。過去認為，中國建築在唐宋以後才大量使用石質材料，但在出土的南越王宮殿和以前出土的南越王御花園，都發現了大量的石質材料，如石柱、石梁、石牆、石門、石磚、石池、石渠等。有人認為，整個南越王宮署的石建築普及程度可用「石頭城」來形容，甚至有的結構與西方古羅馬式建築有相通之處，這在中國考古界是非常罕見的。因而有人提出，南越王宮署獨樹一幟的石建築，是否意味著當時的廣州（番禺）已引進了西方的建築技術和人才？如果真是如此，那麼中外建築文化交流史就得重新譜寫了。

當然，這些謎團的答案目前還都是處於猜測階段，結果還需要進一步的探索。

秦始皇陵兵馬俑

秦始皇陵是中國歷史上第一個皇帝嬴政（西元前二五九年~西元前二一〇年）的陵墓，位於陝西省臨潼縣城東五公里處的驪山北麓。秦始皇陵建於西元前二四六年至西元前二〇八年，歷時三十九年，是中國歷史上第一個規模龐大、設計完善的帝王陵寢。

兵馬俑坑是秦始皇陵的陪葬坑，位於秦陵陵園東側一千五百公尺處。目前已發現三座，坐西向東呈品字形排列。其中共出土了約七千具秦代陶俑及大量的戰馬、戰車和武器，代表了秦代雕塑藝術的最高成就。兵馬俑陪葬坑均為土木混合結構的地穴式坑道建築，如同一組類比軍事佇列、旨在拱衛地下皇城的「御林軍」。從各坑的形制結構及兵馬俑裝備情況判斷，一號坑象徵由步兵和戰車組成的主體部隊；二號坑為步兵、騎兵和車兵穿插組成的混合部隊；三號坑則是統領一號坑和二號坑的軍事指揮所。

秦始皇陵是世界上規模最大、結構最奇特、內涵最豐富的帝王陵墓之一，是可與埃及金字塔和古希臘雕塑相媲美的世界人類文化寶貴的財富，亦是二十世紀中國最壯觀的考古成就。

無意挖出「秦代人」

秦始皇陵兵馬俑，最初是被陝西潼縣西楊村村民發現的。一直以來，這裡祖輩都流傳著地底深處有「瓦王爺」的傳說。一九七四年，村民們為了抗旱，在村南柿樹林畔挖井，當挖到五公尺多深的地方時，竟然真的發現了「瓦王爺」——一個陶製的人頭雕塑像。正好當時有位官員來檢查挖井進度，見到這個情景，立即向縣文化館報告。經過文物部門的勘查和發現，氣勢非凡的秦始皇陵兵馬俑，終於慢慢被揭開了神祕的面紗。

一九七五年，發現後經過一年的發掘，秦始皇兵馬俑一號坑終於再現出兩千年前的壯觀場面。一號坑坑深五公尺，面積約一點四三萬平方公尺，坑內有六千餘陶人陶馬，井然有序地排列成環形方陣。坑東端有三列橫排武士俑，手執弓弩好像正在遠射兵器，其後是六千鎧甲俑組成的主體部隊，手執矛、戈戟等長兵器，同三十五乘駟馬戰車在十一個過洞裡排列成三十八路縱隊。

在一號坑中發掘出武士俑五百餘件，戰車六乘，駕車馬二十四匹，還有青銅劍、吳鉤、矛、箭、弩機、銅戟等用於實戰的青銅兵器和鐵器。俑坑東端有兩百一十個與人等高的陶武士俑，排成三列橫隊，每列七十人。個個栩栩如生，形態逼真，面部神態、服式、髮型各不相同，其中除三個領隊身著鎧甲外，其餘均穿短褐，腿紮裹腿，線履繫帶，免盔束髮，挽弓挎箭，手執弩機，彷彿待命出發的前鋒部隊。

不久後，考古人員又在一號坑東北側約二十公尺處，發現了二號坑。二號坑呈曲尺形方陣，東西長九十六公尺，南北寬為八十四公尺，總面積約為六千平方公尺。二號坑坑內建築與一號坑相同，但布陣要比一號坑複雜得多，兵種也更為齊全。二號坑建有一點七萬平方公尺的陳列大廳，是目前規模最大、功能最齊全的現代化遺址陳列廳。二號坑內有戰車八十九輛，各類武士俑一千餘尊，共有陶俑陶馬一千三百餘件，並有大量金屬兵器。這些陶馬陶車被分為四個軍陣，分別為弩兵俑方陣，駟馬戰車方陣，車步、騎兵俑混合長方陣和騎兵俑方陣。

一九七六年五月，考古人員在一號坑西北側又發現了一個兵馬俑坑，編為三號坑。三號兵馬俑坑平面呈凹字形，面積約五百二十平方公尺，與一、二號坑組成一個系統的整體，如同統帥三軍的指揮部。三號坑內共出土六十八個陶俑和四馬一車。

後來，考古人員還勘探出了四號坑，但最終發現這個坑並未完全建成就被遺棄了，因此有坑無俑，只有回填的泥土。

從秦俑坑出土兵器的刻記年號看，兵馬俑從葬坑是秦始皇統一中國前後修建的。秦始皇憑藉他

「揮劍決浮雲」、「大略駕群才」的能力，滅六國，一統天下，而現今出土的兵馬俑，正反映了秦王朝兵強馬壯、叱吒風雲的氣勢。秦始皇死後，兵器的賦稅徭役比以前更為繁重，從而引起農民大起義。在這種形式下，三號坑中途中斷，四號坑沒來得及放兵馬俑，就匆匆填死了。發掘中還發現有火焚的痕跡，這可能與當時的火燒阿房宮有關係。

氣勢恢宏的秦始皇陵

秦始皇陵位於陝西省西安市以東三十公里的驪山北麓，南依驪山的層層疊嶂，山林蔥鬱；北臨逶迤曲轉、似銀蛇橫臥的渭水之濱。高大的封塚在巍巍峰巒環抱之中與驪山渾然一體，景色優美，環境獨秀。陵墓規模宏大，氣勢雄偉，總面積為五十六點二五平方公里。陵上封土原高約一百一十五公尺，現仍高達七十六公尺，陵園內有內外兩重城垣，內城周長三千八百四十公尺，外城周長六千兩百一十公尺。內外城廓有高約八到十公尺的城牆，現在尚殘留遺址。墓葬區在南面，寢殿和便殿建築群在北面。

據史書記載，秦始皇嬴政即位的次年，就開始修陵園。陵寢於西元前二〇八年完工，歷時三十九年。當時的丞相李斯為陵墓的設計者，由大將軍章邯監工，共徵集七十二萬人力，動用修陵人數最多時近八十萬，幾乎相當於修建古夫金字塔人數的八倍。

秦始皇陵是中國歷史上第一個皇帝陵園，其巨大的規模、豐富的陪葬物居歷代帝王陵墓之首，是最大的皇帝陵。整個陵園是按照秦始皇死後同樣享受榮華富貴的原則，仿照秦國都城咸陽的布局建造，大體呈「回」字形。陵區內目前探明的大型地面建築為寢殿、便殿、園寺吏舍等遺址。

陵園南部有一個土塚，高四十三公尺，築有內外兩道夯土城牆。內城周長三千八百九十公尺，外城周長六千兩百四十九公尺，分別象徵皇城和宮城。在內城和外城之間，考古工作者還發現了葬馬坑、陶俑坑、珍禽異獸坑，以及陵外的人殉坑、馬廄坑、刑徒坑和修陵人員的墓室。目前已發現的墓坑達四百多座。

秦始皇陵的塚高五十五點零五公尺，周長兩千公尺。經調查，整個墓地占地面積為二十二萬平方公尺，內建有大規模的宮殿樓閣。陵寢的形制分為內外兩城，內城周長為兩千五百二十五公尺，外城周長六千兩百二十四公尺，其規模之大遠非埃及金字塔所能比。

在秦始皇陵中，共發現了十座城門，南北城門與內垣南門在同一中軸線上。墳丘的北邊是陵園的中心部分，東西北三面有墓道通向墓室，東西兩側還並列著四座建築遺存。有專家認為，這也是寢殿建築的一部分。

陵墓地宮的中心安放著秦始皇棺槨，陵墓四周有陪葬坑和墓葬四百多個，範圍廣及五十六點二五平方公里。主要陪葬坑有銅車、馬坑、珍禽異獸坑、馬廄坑以及兵馬俑坑等，歷年來已出土了五萬多件重要歷史文物。一九八〇年出土的一組兩乘大型的彩繪銅車馬——高車和安車，更是迄今中國發現的體型最大、裝飾最華麗，結構和繫駕最逼真、最完整的古代銅車馬，被譽為「青銅之冠」。

秦陵的幾大謎團

透過考古發掘，秦始皇陵出土了大量的陶俑、陶馬、戰車以及銅兵器等，這些文物的精良與完美令人嘆服，然而這個人間奇蹟中，也蘊含著很多難解之謎。

（1）秦陵地宮內是否有水銀？

據《史記．秦始皇本紀》記載，地宮內「以水銀為百川江河大海」。探測證明，秦陵地宮內的確存在水銀，而且東南和西南較強，東北和西北較弱。《史記》的描述初步得到證明。而之所以在地宮內放入水銀，是因為水銀具有降溫防腐的作用。降溫是使秦陵冬暖夏涼，如同皇宮的宮殿一般；而防腐則是為了更好地保存墓室中的屍體。

（2）陵墓為何選在驪山之阿？

戰國時期，一些國君陵園的營造往往都有平面設計圖。秦始皇陵園的營建按理也應有平面規劃圖，而製圖之前要先選墓地。我們知道，秦始皇執政於都城咸陽，為何要把自己的陵園選在遠離咸陽的驪山之阿呢？

事實上，陵墓位置的確立與秦國前幾代國君墓的位置有很大關係。秦始皇先祖及太后的陵園葬在臨潼縣以西的芷陽一帶，秦始皇陵園選在芷陽以東的驪山之阿應是當時禮制所決定的，因為古代帝王陵墓通常都按生前居住時的尊卑、上下排列。《禮記》、《爾雅》等書記載，「南向、北向、西方為上」，「西南隅謂之奧，尊長之處也」。而在芷陽的宣太后也希望其陵墓能葬在丈夫與兒子之間，即「西望吾夫，東望吾子」，似乎也是按長者在西、晚輩居東的原則。秦始皇先祖已確知葬在芷陽的有昭襄王、莊襄王和宣太后。既然先祖墓均在臨潼縣以西，那作為晚輩的秦始皇只能埋在芷陽以東了。

其次，選擇陵墓位置還與當時「依山造陵」的觀念相關，而秦始皇陵墓造在驪山之阿也完全符合「依山造陵」的傳統觀念。它背靠驪山、面向渭水，而且這一帶自然環境優美。整個驪山唯有臨潼縣東至馬額這一段山脈海拔較高，山勢起伏，層巒疊嶂。從渭河北岸遠遠眺去，山脈左右對稱，彷彿一面巨大的屏風立於始皇陵後，站在陵頂南望，這段山脈又呈弧形，陵位於驪山峰巒環抱之中，與整個驪山渾然一體。

（3）陵墓內真有飛雁嗎？

秦地宮內有許多珍貴的隨葬品，而這些隨葬品也引發了許多神奇的傳說故事。地宮飛雁就是其中之一。《三輔決錄》記載，楚霸王項羽入關後，曾以三十萬人盜掘秦陵。在他們挖掘過程中，突然一隻金雁從墓中飛出，然後一直朝南飛去。幾百年後，到了三國時期（寶鼎元年），一位在日南做太守的官吏名叫張善，一天有人送給他一隻金雁，他立即從金雁上的文字判斷此物出自始皇陵。

那麼這個神奇的傳說有沒有歷史依據呢？有學者認為，這雖是個傳說，但說明秦陵內的文物曾流失於外，且遠達雲南以南；至於說金雁製作精巧，不但好看，而且能飛，這也是有可能的。

然而，金屬飛雁的可信度還是令人困惑，試想一個金屬物體在空中飛翔並不像放風箏和熱氣球那樣簡單；再進一步分析，如果秦代有能力製作會飛的金雁，那金雁埋入地宮後將會不停自動飛翔，一直在地宮內飛行近一千個日夜。當項羽打開地宮墓道時，這個自動飛翔的金雁又沿著地宮墓道順利飛出，然後又越過秦陵南側數公里高的山峰飛往遙遠的南方。如果可能，那它靠的是什麼力量呢？所以可以肯定說，秦陵金屬飛雁的傳說為假。

（4）兵馬俑為何沒有統帥俑？

在秦始皇陵中發掘出的陶俑，無論是步兵、弩兵、騎兵、車兵，都屬武士俑，並不見統帥俑。有人認為，這可能是按秦制，每次出征前由秦王指令，一名將帥任統帥；還有人認為，也可能是由於秦始皇是秦軍的最高統帥，為維護皇帝的絕對權威和神聖尊嚴，不能把秦始皇的形象塑在兵馬俑坑之中。不過這兩種說法目前都沒有證據，只是猜測而已。

（5）一號坑和二號坑為何被焚毀？

考古人員在發掘兵馬俑時，發現一號坑和二號坑的木結構幾乎全部被燒成炭跡或灰燼，而陶俑和陶馬也被破壞，有的東倒西歪，有的身首異處，有的頭破腹裂，有的臂斷腿折，有的斷成數段，有的成為碎片，完整的很少。而俑坑的火是誰放的呢？

關於這個問題研究人員有三點推測：一是火是秦人自己放的，以燒毀祭墓物品及墓周的某些建築，使死者靈魂將此帶去陰間享用，即所謂「燎祭」。但如果真的是出於古代的喪葬制度和民間風俗習慣而焚毀，為什麼只燒一號和二號坑，而不燒三號坑呢？二是被項羽率領的軍隊焚毀的。據《漢書》、《史記》、《水經注》等史籍記載，燒秦宮室，火三月不滅。但是這種說法在史書中並沒有一個字明確記述項羽軍隊焚毀秦兵馬俑之事，甚至連秦兵馬俑的字樣都沒提到；三是因為坑內的陪葬物等有機物腐敗產生沼氣，自燃而造成的。但同樣的俑坑，同樣的環境條件，為什麼也只燒了一號和二號，三號坑卻沒有起火呢？因此這個問題至今仍沒有確切的答案。

總之，圍繞秦始皇陵的謎團還有很多，將來隨著科學的進步以及考古研究的深入，相信一定可以一一解開。

相關連結——秦始皇的碣石宮

秦始皇在西元前二二一年統一中國後，就開始大張旗鼓地進行「親巡天下，周覽遠方」的行動，曾先後五次遠途巡遊，其中第四次出巡是在西元前二一五年，目的是巡視北方邊塞。他從咸陽出發，途經原韓、趙、魏、齊的邊境交界之地，巡遊終點是渤海的碣石山。與此同時，秦始皇還沒有忘記自己求仙的願望，一番祈禱後，便命人將他一路的所作所為都刻在石頭上，然後住進了臨海的行宮——碣石宮。

據記載，碣石宮已存在很長時間，很多帝王都曾登上碣石宮「觀滄海」。然而不知何故，自宋代以後，碣石及周圍沿岸的宮殿群日漸模糊，並最終湮沒，令人對這個海邊行宮產生了眾多的聯想和猜測。

那麼，秦始皇的海邊行宮——碣石宮，究竟在環渤海的何處海濱呢？沒想到，多年後一個與孟姜女有關的遺跡，讓秦始皇的海邊行宮得以發現。

一九八二年，考古人員透過大量次調查和發掘，在孟姜女墳的海岸上發現了一個龐大的宮殿建築群遺址，而這所謂的「姜女墳」居然就是秦始皇時期的「碣石」。在碣石宮遺址上，發現了面積約十五萬平方公尺的長方形宮殿的宮牆，其中出土了與秦始皇陵相似的高浮雕夔紋瓦當，這是皇家級建築物才有的工程特徵；更令人意外的是，在與石碑地宮殿建築搭配的還有「雙闕」，其中的黑山頭闕距離宮殿兩公里，出土了空心磚踏步，而且闕的建築呈多層次、多單位布局，由此處登高觀望滄海效果極佳，當為碣石宮的右闕樓。所有的宮殿遺址、雙闕遺址都面向海中的「姜女墳」礁石，也就是史書中所說的「碣石」，所以才被稱為「碣石宮」。

碣石宮作為中國帝王建於海邊的唯一行宮，曾經的輝煌令人感到神祕，然而它在歷史上突然不明原因地消失，仍隱藏著巨大的謎團。

馬王堆漢墓

馬王堆漢墓位於湖南長沙市東郊五里牌，為一馬鞍開土堆，封土堆高十幾公尺，直徑三十公尺左右。因傳為楚王馬殷的墓地，因此名為馬王堆。

馬王堆漢墓的發掘，是二十世紀驚動世界的考古大發現。這裡不僅出土了一具兩千多年前的女屍，還出土了三千多件珍貴文物。「北有兵馬俑，南有馬王堆」的說法，形象地說明了馬王堆的重要性。

馬王堆漢墓出土

一九七二年以前，湖南省長沙市東郊五里牌外的馬王堆，還不過是個方圓約半里的土丘。一九七一年，解放軍某部隊在馬王堆附近挖防空洞，施工過程中總是遇到奇怪的坍方；而當挖掘到地下十幾公尺時，施工者忽然發現了大量又細又軟、像麵團一樣的白膏泥。工人們用鋼釺向下打眼鑽探，而當鋼釺從白膏泥中抽出後，鑽孔中忽然冒出一股嗆人的氣體。當時正好有人劃火柴，這股氣體立即就被點燃了，發出藍中帶紅的火苗。有人試圖用水澆滅火焰，但水潑上去卻被強大的氣體壓力反噴出來。最後工人只好用泥袋堵住鑽孔，才將火焰熄滅。

經專家實地探察，初步確定被挖的地下是一座古墓。當墓穴被打開後，人們發現墓底和槨室填滿了一公尺多厚的白膏泥，在白膏泥下面鋪著厚厚的木炭，約有五噸多重，最終整整裝了四輛卡車。木炭被取完後，裡面露出了棺槨，棺槨上鋪著幾十張竹席。剛出土時，竹席顏色嫩黃，光亮如新，但僅十幾分鐘，竹席就變成了黑色的朽物。墓中有四層套棺，外面的大槨長近七公尺，寬五公尺，高近三公尺。

當棺槨打開後，人們被裡面的女屍栩栩如生的面目驚呆了。這具女屍外形完整，面容清晰可辨，頭髮光鮮，手指腳趾紋路清晰，皮膚濕潤，肌肉有彈性，四肢關節還可活動。解剖發現，女屍體內各臟器完好，食道、胃及小腸內還有甜瓜子一百多粒，這說明墓主人是在吃甜瓜子時死的，死亡時間應在瓜熟季節，墓中還有「妾辛追」的名章。據考證，墓主埋葬於西元前二世紀，是西漢初期長沙國丞相利倉的夫人，名叫辛追。

千年不腐女屍的發現馬上就轟動了世界，各地的專家、遊客、科學家全都趕到長沙市。據有關部門統計，在馬王堆女屍出土後很短的時間內，長沙市的流動人口就陡增了五萬。在辛追墓被發掘後的兩年間，考古人員又在其附近又發掘出了兩座大型漢墓。據考證，這兩座漢墓中一個墓主就是辛追的丈夫、長沙國丞相利倉，另一個墓主則可能是他們的兒子，這三座墓葬被合稱為「長沙馬王堆漢墓」。

墓內出土的珍貴文物

長沙馬王堆漢墓出土的文物非常豐富，包括衣物、食品、藥材、漆器、木俑、樂器、陶器、帛畫以及大量的帛書和竹木簡等。這些文物都具有極高的藝術性和實用性，價值極為珍貴。

該墓出土了一千四百多件紡織品，被稱為「令人驚歎的西漢絲綢寶庫」。一號墓邊箱出土的織物，大多放在幾個竹笥之中，除十五件相當完整的單、夾綿袍及裙、襪、手套、香囊和巾、袱外，還有四十六卷單幅的絹、紗、綺、羅、錦和繡品，都以荻莖為骨幹捲紮整齊，以象徵成匹的繒帛。三號墓出土的絲織品和衣物，大多已殘破，品種與一號墓大致相同，但錦的花色較多。最能反映漢代紡織技術的是素紗和絨圈錦，薄如蟬翼的素紗單衣，重不到一兩，是當時繅紡技術發展程度的標誌。還有保存較好的麻布，發現於一號墓的屍體包裹之中，係用苧麻或大麻織成，仍具相當的韌性。

一號墓和三號墓內棺上還刻有彩繪帛畫，保存完整，色彩鮮豔。兩幅帛畫構圖基本一致，全長兩公尺左右，均作「T」字形，下垂的四角有穗，頂端繫帶，應是當時葬儀中必備的旌幡。畫面上段繪日、月、升龍和蛇身神人等圖形，象徵著天上境界；下段繪交龍穿璧圖案，以及墓主出行、宴饗等場面，主題思想是「引魂升天」。有人認為，遣策（古人記錄隨葬物品的清單）簡文中的「非衣一長丈二尺」，即指這種帛畫。

墓中出土的帛書和竹木簡，不僅有世界上最早的天文著作《五星占》、《天文氣象雜占》，還有中國最古老的醫藥專著《脈法》和《五十二病方》等。馬王堆漢墓出土的帛書數量龐大、內容重要，大大改變了中國許多原有的學術觀念和傳統認識。經考證，《五十二病方》可能比《黃帝內經》

（成書於春秋戰國時代）更早，書中記載了五十二種疾病，還提到了一百多種疾病的名稱，共載兩百八十多種偏方，所用藥物計兩百四十多副。這是中國現在所能看到的最早方劑。《五十二病方》的發現，也補充了《內經》以前的醫學的內容，是一份非常珍貴的醫學遺產。

此外，馬王堆漢墓一號墓出土的二十五弦瑟，是目前發現的唯一完整的西漢初期瑟，還出土二十二管竽和一套竽律。三號墓除出土瑟、竽外，又有七弦琴和六孔簫。這些都是首次發現的西漢實物。十二支一套的竽律管分別標明漢初的律名，為探討中國早期律制增添了物證。

總之，長沙馬王堆的發掘，對考古界產生了深遠影響。專家認為，該墓最有價值的是完好無損的古屍，成組成套的物品，還有內容珍祕的帛書、竹木簡。這三者能有其一，就已是考古的重要發現，如今三者兼有，在中國考古史上可說是獨一無二，其也被世人譽為二十世紀中國與世界最重大的考古發現之一。

延伸閱讀——河北滿城漢墓

如果說長沙馬王堆漢墓是漢朝文化在南方的典型代表，那麼河北滿城漢墓的發現，則是漢朝文化在中原的傑出典型了。

滿城漢墓位於河北滿城縣城西南約一千五百公尺處陵山主峰的東坡，是西漢中山靖王劉勝及其妻竇綰之墓，是中國目前保存最完整、規模最大的山洞宮殿。

滿城漢墓發掘於一九六八年，墓室龐大，隨葬品豪華奢侈。其中劉勝墓由墓道、車馬房（南耳室）、庫房（北耳室）、前堂（中室）和後室組成，前堂是一個修在岩洞裡的瓦頂木結構建築，寬闊富麗，象徵著墓主人生前宴飲作樂的大廳；後室又分石門、門道、主室和側室，主室象徵內寢，內置漢白玉石鋪成的棺床，上置棺槨；主室南側的小側室象徵盥洗室，墓內有完整的排水系統。整個墓道先用石塊填滿，然後又在墓道外口砌兩道土坯牆，其間澆灌鐵水加以嚴封。

竇綰墓和劉勝墓大體相同，外口是在兩道磚牆之間，灌以鐵水封閉，比劉墓更為堅固，其庫房和車馬房也比劉墓大。

兩座陵墓都出土了大量的金、銀、銅、鐵、玉、石、陶、漆等器物，以及絲織品、銀鳥篆壺和醫用金針共一萬多件，其中僅金銀器、玉石器、銅器、鐵器等精品就有四千多件，各類銅燈十九件，尤以長信宮燈、錯金博山爐等最為珍貴。

更令人震驚的是，劉勝和竇綰都是穿著金縷玉衣下葬。「玉衣」是漢代皇帝和高級貴族死後的殮服，用玉片製成，玉片間再以金絲編綴。劉勝的金縷玉衣長一百八十八公分，共用玉片兩千四百九十八片，用金絲約一點一公斤。在「玉衣」內，還發現有玉璧十八塊，以及飯含、佩戴之物；竇綰的玉衣略小，全長一百七十二公分，共有兩千一百六十塊玉片，金絲約七百克。

這兩套完整的金縷玉衣葬服，是聞名中外的首次重大發現，更是十分珍貴的歷史文物，堪稱中國國寶。

滿城陵山漢墓的出土的這些珍貴文物，曾赴歐、亞、美等國和地區展出，受到了海內外的高度讚譽。

越王句踐劍

一九六五年，考古人員在發掘湖北江陵的一處古墓時，發現了兩把鋒利珍貴的寶劍。其中一把，就是長期失傳的越王句踐劍。這把寶劍在陰暗潮濕的地底下埋藏了兩千多年，而出土時卻依然閃閃發光，劍刃極其鋒利，毫無鏽跡。

為什麼這把劍歷經兩千多年的光陰，卻仍能保存得如此完好？

越王句踐其人

有句成語叫做「臥薪嘗膽」，所說的典故，是西元前四九三年，吳王夫差為了復仇，領兵攻打越國，將越王句踐擒獲。後來句踐表示順服吳王，並得到了吳王的信任，三年後被吳王釋放回國。

句踐回國後，立志報仇雪恨。而為了鍛鍊自己的意志，他睡覺時不用被褥，而是躺在草上，並在自己的起居處懸掛了一個苦膽，每天坐臥時都可以看到。每次吃飯之前，他都要去嘗一下苦膽，以提醒自己不忘雪恥。

句踐積極採取各種措施努力發展，並親自種田；同時他還獎勵生育，增加人口，增強國力，經過十年的努力，終於令越國逐漸強大起來，並最終打敗了讓自己飽受恥辱的吳國。緊接著，句踐又北進中原，在徐州大會諸侯，成為春秋末期的一代霸主。

句踐有個嗜好，就是鑄造名劍。據古書《拾遺記》記載：「越王句踐，使工人以白馬白牛祀昆吾之神，採金鑄之以成八劍之精，一名掩日，二名斷水，三名轉魄，四名懸翦，五名驚鯢，六名滅㲱，七名卻邪，八名真剛。」不僅如此，句踐還熱衷於搜集和珍藏各種名劍。當時有一位極有名氣的寶劍鑒賞家，名叫薛燭，當他看到句踐珍藏的一把名為「純鈞」的寶劍時不禁大吃一驚，稱從未見過如此的稀世珍寶，可見句踐當時收集的寶劍的確都是極品。

由於句踐的名劍眾多，而且收藏價值都極高，並且古代尚武之風濃郁，一把稀世神劍更是世人所追求的。因此在句踐死後，許多人士曾絞盡腦汁去尋找他所珍藏的寶劍，但都一無所獲。

「百兵之祖」

劍至今已有上幾千年的歷史，世人將其尊稱為「百兵之祖」。由於攜帶方便，使用迅捷，因此劍一直也成為歷朝歷代王公帝侯、文士俠客及商賈庶民所追捧的對象。不過究竟是誰發明劍，至今還是一個謎。

有人曾根據《管子．地數》中記載的「昔葛天盧之山，發而出金，蚩尤受而制之，以為劍鎧，此劍之始也」的描述，認為劍應該出現於軒轅黃帝時代；也有人說，劍應該出現於殷末周初，因為《逸周書．克殷》中有記載，牧野之戰取得勝利後，武王用「輕呂」擊刺紂王的屍體，此「輕呂」在古書中就被釋為「劍名」。據考證，「輕呂」這樣的稱呼實際上是突厥語，而周人出身戎狄，比商人更容易掌握這種兵器。因此有人推斷，劍應該是從西亞透過游牧民族傳入中國。

但不管劍是由誰發明的，劍的歷史還是相當悠久的，因此被後人稱「百兵之祖」也是當之無愧。到了東周時期，大多以銅鑄劍了，劍的品質更上一層樓，冶煉技術也逐漸進步。春秋戰國時期，各地諸侯國規範了鑄劍的法則，也使劍成為最主要的短兵器，並成為社會各個階層必佩備的武器之一。

越王劍出土

一九六五年冬天，考古人員在發掘湖北江陵的一座楚墓中，發現了兩把寶劍，其中一把就是失傳已久的越王句踐劍。這把寶劍全長五十五點七公分，劍身寬四點六公分，劍柄長八點四公分。劍首向外翻捲呈圓箍形，內鑄十一道極細的同心圓圈。金黃色的劍身布滿了黑色的菱形花紋，劍格(劍身與劍柄間突出部分)向外凸出，正面用藍色琉璃、背面用綠松石鑲嵌出美麗的花紋。劍上刻有「越王句踐自作用劍」八個鳥篆體錯金銘文，字跡非常清楚。該劍鋒利無比，二十餘層的紙一劃而破。這把寶劍在地下埋藏了兩千多年，出土時仍然閃閃發光，一點鏽跡都沒有。

一九六八年，考古人員從河北省的一座古墓中又發掘出了兩把寶劍。這座古墓是漢武帝的哥哥劉勝的墓，距今也有兩千多年。當劉勝還是靖王的時候，就開始為自己的後事做打算。他命人挖了一個很大的山洞作為自己的墓地，又製作了「金縷玉衣」，希望穿上這件「寶衣」後能屍體永不腐爛。只可惜等到出土時，金縷玉衣上的玉片已經散落，屍體也早已腐爛的就剩下幾顆碎牙了，但作為陪葬品的兩把寶劍，卻金光錚亮，毫無鏽跡。

不論是越王句踐的劍，還是劉勝的劍，都經歷了幾千年的歷史，為何當它們重見天日時，仍然能這麼明亮呢？

千古不鏽之謎

據《考工記》記載，戰國時期的工匠已經累積了足夠的鑄造經驗，可以充分掌握冶煉青銅的技術。按照器具不同的用途，合金中的銅與鉛、錫比例也有所不同。這樣的冶煉技術甚至領先於西方國家近千年。

據研究，越王句踐劍的主要成分是銅、錫及少量的鋁、鐵、鎳、硫組成的青銅合金。劍身的黑色菱形花紋，則是經過硫化處理的，劍刃的精磨技藝水準可與現代在精密磨床上生產出的產品相媲美了。由於劍的各個部位作用不同，因此銅和錫的比例也不完全一致。劍脊含銅較多，可以使劍韌性好，不易折斷；劍刃部含錫高，硬度高，可以使劍非常鋒利；花紋處含硫高，硫化銅可以防止鏽蝕，以保持花紋的豔麗。

研究人員測試後發現，越王句踐劍的表面有一層約十微米厚的鉻鹽化合物。這一發現立刻轟動世界，因為這種鉻鹽氧化的處理方法是近代才的先進工藝，德國在一九三七年、美國在一九五〇年先後發明並申請了專利。而在春秋時期，越王句踐居然已經開始使用這種技藝了！

除了工藝超群，越王句踐劍千古不鏽，與其保存的方法也有很大的關係。與越王句踐劍時代相近、製造工藝也相近的吳王夫差矛，一九八三年在江陵馬山楚墓出土。但由於該墓的保存情況不好，棺木等大都已經腐爛，夫差矛出土時不僅矛柄幾乎全部腐爛，青銅表面也都布滿了綠色的鏽層。可見，保存完好也是使句踐劍錚亮的原因之一。

相關連結——秦始皇陵出土的青銅劍

一九七四年，考古人員在陝西臨潼秦始皇陵的陶俑坑中，發掘出了三把青銅寶劍。這三把劍埋在距離地面大約五到六公尺的濕土內，然而出土時居然鋒利光亮，一點鏽跡也沒有，而且一下就能劃透十幾層的報紙！

電子儀器探測表明，在製作技術上，它採用了一種高超的表面處理技術，就是鉻鹽氧化法。這種方法是用鉻鹽做氧化劑，在劍的表面形成一層緻密的氧化膜，保護劍不與外界的物質發生化學作

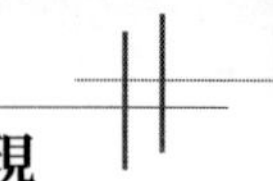

用而生鏽。這種氧化層非常非常之薄，幾乎只有一張紙的十分之一那麼厚，這的確是中國古代材料技術史上的一大成就。

印山越王陵

印山越王陵位於紹興市區西南十二公里，距書法聖地蘭亭約一公里的印山。因其平面略呈方形，立面高聳似印，故而得名。

一九九八年，考古學家們在浙江紹興的印山之上，發現了這座與眾不同的大墓——印山越王陵。印山越王陵距今約有兩千五百年，其規模之大、結構之殊、營建之講究，可謂舉世罕見。

考古發掘表明：印山越王陵地處印山南半部，是一座呈東西向的帶有長墓道的長方形岩坑豎穴木槨墓。墓坑口大底小，墓道上大下小，並與墓坑形成了狹長的「凸」字形平面布局，總長度達一百公尺，是迄今為止中國南方發掘的最大先秦墓葬，堪與陝西發掘的秦始皇墓相媲美。

越王陵的發現

一九九八年，考古學家發現了這座陵墓。當時陵墓的封土分為內外兩層。外層封土較厚，土質為五花土，可能是在挖掘環壕時得到的。王陵的外層封土中還夾雜著有印紋硬陶和原始瓷碎片，這也為後來判定該墓的年代發揮了重要作用。內層封土雖然較薄，但也十分牢固，土中還夾雜著碎石，後來發現這些碎石是在岩石上開鑿墓穴時形成的。

考古學家在清理封土時，意外地發現，封土上依次排列著七個盜洞，其中最大的一個直徑可達到八公尺。這讓考古人員的心情一下子就沉了下來，因為艱難的考古發掘很可能會因此而落空。

清理完封土後，一座帶有墓道的「甲」字形墓坑顯露出來。但是，它又與普通的「甲」字形墓穴不同，該墓的墓道與墓穴加起來總長度達一百公尺，而平均寬度僅十幾公尺，非常狹長。墓坑中填滿了緻密的青膏泥，下面堆積著厚厚的木炭。青膏泥和木炭都是古代人發現的保存墓葬的東西，木炭可以去潮濕，保持墓內的乾爽；青膏泥則可以保持墓室密封，隔絕氧氣。

然而奇怪的是，木炭堆積得並不平整，而是沿著墓室中軸的走向形成兩面斜坡，中間高高聳起一道脊。這令考古人員有些驚訝。

當一千多平方公尺的木炭被清理完後，奇異的景象顯現出來了：這是一個長約三十多公尺、高達六公尺、截面為等腰三角形的木槨。木槨的外面還覆蓋著多達一百四十多層的樹皮，樹皮也被木炭染成了黑色。見到這樣的情景，考古人員大呼驚奇，這也是迄今為止發現的唯一一座三角形制槨室。

規模雄偉宏大的墓葬

該陵規模龐大，氣勢宏偉，尤其是在墓中發現的大型木棺槨，不僅形制奇特，而且防腐設施十分考究，世所罕見。其構築特點是在墓坑底部正中先鋪墊一層一百六十五公分厚的細碎木炭，然後在其上用長六點七公尺、橫截面呈方形（邊長四十五公分~六十公分）的若干規整的大方木橫鋪成槨底；兩側邊再用長六點二公尺，橫截面也呈方形（邊長六十公分~八十公分）的眾多大方木依次緊密排列，互相斜撐成等腰三角形狀的狹長木槨室，頂上壓以截面為半圓形的大長木，其槨室內壁長三十三點四公尺、底寬四點九公尺、中部高四點七公尺。所用大方木樹種屬殼斗科錐木，均三面髹漆，無髹漆的外側面則上下開鑿出牛鼻式隧孔，以利吊裝構築之需。槨室內壁合縫縝密坦平，底設邊框加固，局部漆面如鏡，昔日的絢麗豪華仍依稀可見。

陵墓的上面還修建了高大壯麗的穹頂，考古學家們拾級而上，進入墓宮，眼前的景象讓他們乍然驚心：一個巨大的長方形深坑裡，排列著一根根搭成「人」字形的粗重的枋木。這些巨木的頂端大多都已腐蝕成尖刺狀，看起來不僅森然，且有一種悲壯感。在這三角形的槨的腹中，陳放著一具長六點一公尺、直徑一點一五公尺獨木製的棺，據說樹齡都在千年以上，這種形制在中國已挖掘的王陵中尚屬首次。組成槨的特大枋木有數百根之多，每根直徑都在一公尺以上，重達數百公斤，獨木棺套巨木槨，形成了一座規模宏大、氣勢不凡的地下「木宮」。

槨前還設有封門和短甬道，室中以橫梁和板木分隔成前、中、後三室。中室比前、後兩室高出二十公分（如棺臺），而且都用竹席鋪墊；中間放置的巨型杉木質圓木對剖為二，再經刳製並內外髹漆的獨木大棺，長六點零四公尺、寬一點一二公尺，是中國迄今所見最大的獨木棺。

為防止水滲和屍體腐爛，木槨室的外側還先包貼著一百四十層樹皮，再用厚達　公尺餘的櫟木質的細碎木炭嚴嚴實實地包護成斷面呈梯形狀、平面為長方形的木炭保護層，繼而於墓坑中先後逐層夯築青膏泥和五花土，最後覆土夯築成巨大的封土墩，以及四周開鑿出平面如曲尺狀的壕溝。

儘管印山大墓在古代就先後被多次盜過，但中室仍出土有石劍、玉鏃、玉鎮、龍首形玉件、漆木杖、殘漆器，以及小玉管和玉珠等三十多件隨葬品；前後室中又有殘陶器、石環和漆器遺跡等。墓坑填土中還發現過一件精美的完整青銅鐸，以及木夯具、印紋陶和原始青瓷片等。

越王墓的主人是誰？

對於這座王陵的主人是誰，考古學家也進行了深入研究。分析墓陵填土中出土的印紋硬陶和原始瓷殘片後，考古學家認為這些可能是春秋晚期的典型紋飾，而又沒有見到戰國時期流行的米字紋、麻布紋等。隨後，考古人員又根據墓內出土的器物與其他墓葬中的隨葬品比較，最終認定該墓葬的年代確實在春秋末期。

春秋末期，紹興一帶屬於越國的統治中心，而當時的越王有兩位，一位是允常，另一位則是他的兒子、赫赫有名的越王句踐。那麼，印山王陵會是這父子二人中的哪一位呢？

在歷史上，越王允常雖然沒有他的兒子句踐出名，但卻是越國歷史上最重要的一位君主。《史記》記載，越國正是在允常執政期間，不斷擴展疆土，積蓄國力，並開始稱王的，當時的國力甚至超過了句踐繼位後的初期。這樣一位戰功顯赫的國君，當然可以建造一座規模宏大的墓葬來安葬自己。

而關於這位君主的墓葬，《越絕書》中記載：「木客大塚者，句踐父允常塚也。初徙琅琊，使樓船卒二千八百人伐松柏以為桴，故日木客。」

其實，關於「木客大塚」的說法，大家一直都不知道所言的是什麼東西，直到印山王陵中圓木搭建的槨室被發現後，大家才恍然大悟，這會不會就是傳說中的「木客」呢？帶著這個疑問，考古人員走訪了當地的村民，驚喜地發現，原來印山在當地還有一個名稱，其發音就是「木客山」。

因為上述兩個原因，大多數學者都認為印山王陵應該是越王允常的陵墓，也就是傳說中的「木客大塚」；然而，也有一部分研究人員認為這座陵墓的年代還值得商榷。

那越王允常的陵墓又會在哪裡呢？允常曾是越國相當傑出的君王，在他的領導下，越國由弱變強，因此《吳越春秋》中記載「越之興霸，自元常矣」；《輿地記》也載允常「拓土始大，稱王」；《史記》和《左傳》則說允常與吳王闔閭結怨，從而點燃了吳越爭霸戰爭的烽火。史稱允常卒於西元前四九七年，他的陵墓據《越絕書》載叫做「木客大塚」，並說「木客」的得名源自句踐初遷都瑯琊時，派樓船卒兩千八百人在此伐松柏造桴，所以叫「木客」；或者說是由於句踐派人於此山砍伐上等木材進貢給吳國之故。

不過這種說法疑問很多，首先，假如「木客」之名是起因於句踐派兵士在此伐木造筏的話，可句踐遷都之時是在晉出公七年（前四八六年），或越滅吳後的第二年（前四七二年），即使是源於句踐伐善材獻給吳國，時間也當在句踐採納文種的伐吳計謀之後，即西元前四八七年以後的事，兩者時間都明顯晚於允常卒年，故「木客」的得名均與之無關；再者，既然《越絕書》肯定「木客大塚」是允常的陵墓，句踐更加不會命人在父王陵墓所在地伐木動土。顯然，「木客」應該還有其他的解釋。

相關連結——《越絕書》

《越絕書》是記載中國早期吳越歷史的重要典籍，它以春秋末年至戰國初期吳、越爭霸的歷史事實為主幹，上溯夏禹，下迄兩漢，旁及諸侯列國，對這一歷史時期吳越地區的政治、經濟、軍事、天文、地理、曆法、語言等多有所涉及。其中有些記述，不見於現存其他典籍文獻，而為此書所獨有；有些記述可與其他典籍文獻彼此印證，因而一直為諸多學者所重視。在現代社會科學的研究過程中，曾有不少人從不同角度，利用《越絕書》來考察中國古代史、文學史、民族史、漢語語言學史，以及中國地理中的一些具體問題，並取得了不少重要成果。

由於種種原因，在《越絕書》的成書年代、作者、卷數、書名、篇名等問題上，至今仍存在著許多不同的看法。如關於成書年代，就有春秋說、戰國說、戰國－西漢－東漢說、戰國－東漢說、東漢初年說、東漢末年說、東漢初年－東漢末年說、西晉說等；關於作者，也有子貢撰說、子胥撰說、袁康撰說、袁康、吳平合撰說、袁康撰吳平修訂說、袁康、吳平輯錄說等；關於卷數，也有十五卷說、十六卷說；關於書名，有《越絕書》原稱《越絕》說、《越絕書》原稱《越絕記》說、《越絕記》非《越絕書》說等；關於篇名，更有吳太伯與兵法篇亡佚說、今本吳地傳即古本吳太伯篇說、伍子胥水戰兵法內經即古本兵法篇說、今本陳成恆非古本陳恆篇說，等等。以上這些，一方面說明，關於越絕書的一些重要問題意見還不能統一；另一方面也同時說明，正是由於《越絕書》的史料價值，在諸典籍中占有特殊的地位，因而使眾多的研究者鍥而不捨。

神祕的六安國

六安，因古六國、漢六安國而得名，自古以來為皖西進入大別山的重鎮，也是兵家爭奪的重鎮。現今六安市市郊的城西、城北、城東的丘陵崗壟上，還分布有大批的古代墓葬，這些墓葬以戰國、漢代中小型墓為主，也有少數大塚，綿延數十平方公里。尤其在三十鋪鎮雙墩村附近分布著許多巨塚，十分醒目。幾千年來，這些巨塚都默默地沉寂在曠野之中，沒有人知道這其中究竟藏著哪些祕密。

奢華的六安墓葬

二〇〇六年三月到二〇〇七年一月，在漢代六安的故都，也就是現在六安市附近的雙墩村，考古學家發掘出了一座規模龐大、等級很高的漢代墓葬。

在出土的諸多精美隨葬物中，不僅有銅器、玉器、漆器、木器等，而且還有不少貼有精美的金箔或銀箔質飛禽走獸圖案的漆木器。最讓考古人員驚喜的是，一些銅器上還有「共府」、「共王府」等字樣的銘文。這些銘文與史書上記載的六安國第一代王六安王劉慶相對應。這些文物做工精湛，精美華麗，非常人所能使用。

「共」，在當時也通「恭」，因為劉慶對中央政府的忠誠恭謙的態度，他死後受封的諡號就是恭王。由此可見，在雙墩村發現的，很可能就是第一代六安王劉慶的墓地。

六安國的來歷

六安國的所在之地，在漢初分封時屬於衡山國、淮南國管轄。漢文帝十六年（西元前一六四年）又分別封劉安、劉勃為淮南王與衡山王。六安國後來能夠建立、繁榮，在某種程度上都要感謝這兩個人。

史書記載，漢景帝之子劉寄是漢武帝最親密的兄弟，被封為膠東王。漢武帝元狩元年（西元前一二二年），為了對抗削弱諸侯國的政策，淮南王劉安與新任的衡山王劉賜謀反。膠東王劉寄聽說此事後，也暗地裡囤積兵力，準備回應。然而，謀反事件很快敗露，淮南王與衡山王相繼自殺，並被剝奪封地。而劉寄雖然最終並未起兵，但在對謀反案的審理過程中，劉寄的謀反意圖也被揭露出來。不久，劉寄便在罪行敗露的驚恐及在對漢武帝的愧疚中一病不起，撒手西去了。

得知劉寄的死訊，盛怒的漢武帝回想起兩人年幼時親密的關係，最終動了惻隱之心，決定不再追究弟弟的罪行。於是，他不僅封劉寄的長子劉賢繼任膠東王，還把劉寄最寵愛的小兒子劉慶分封在原衡山國的封地上。劉慶對漢武帝的行為充滿了感激與惶恐，於是上表向武帝表達忠心，稱自己將盡力治理國家，並誓保「六地平安，永不反叛」，六安國也因此而得名。

墓內的珍稀寶物

劉慶的墓上，有著饅頭狀的封土，墓室建築有東西兩條墓道，為「中」字形豎穴土坑墓，全長四十五公尺，寬十二公尺。墓室使用了代表墓主人高貴身分與帝王榮寵的「黃腸題湊」結構，一共用去九百多根長約一公尺的去皮柏木。

在題湊之外，是一間用方木搭建的陪葬墓室，一共十五間，裡面放有陪葬的銅器、陶器以及大量的車、馬、人傭等明器，這是墓地的「外藏槨」。在題湊裡，是內迴廊，也可能有分間的結構，用來放置隨葬的物品。

劉慶的棺槨放在墓室的中央，外槨為木質，內外均為髹黑漆，東側設有對開木門。內槨為石質，內部也髹黑漆，東側有門，北壁上繪製有紅色的彩雲紋，並有許多鎏金銅飾件，精美而華麗。

在唐代時，劉慶的墓穴便已被盜，但還是有許多珍貴的文物保存了下來，比如大量的漆器、木器、銅器、玉器等，數量可達五百多件。尤其是在棺槨中發現了許多精美的玉佩、玉印章以及可能是玉衣殘片的碎片，充分顯示了墓主人生前的奢華。

此外，在墓中考古人員還發現了一些令人驚奇的東西：放置於外藏室的一個銅壺裡，盛滿了清澈的液體。當考古人員將這些液體傾倒出來後，一股酒香撲鼻而來，而且壺底還殘存著一些米粒。原來，這竟然是一壺兩千多年前的米酒，可謂千年陳釀。

同時，在墓室內還發現了許多植物的種子和果實，有水稻、紅棗、小米、杏、李等。農學家檢測後發現，這些種子保存良好，如果種植，有可能會繼續發芽。

儘管在劉安的墓中發現了許多精美的陪葬物品，但是雙墩漢墓的祕密實在太多了。就墓葬形制而言，「黃腸題湊」結構還有一些新的內容需要人們去探索；墓主人的更多資訊也需要人們去尋找；還有那些不知名的果實，也需要專家去分析。

相關連結——古六安國曾因水患遷都

古代六安國王陵區大致範圍確定後，人們又提出這樣一個問題：六安國的統治中心——都城又在什麼地方呢？現有的文獻並沒有提出答案，幸而考古工作者在實地考察研究中找出了答案，填補了這一史料空白。

據了解，六安市郊城北鄉的兩處古城址間距僅三百公尺，俗稱「西古城」和「東古城」，這兩座「姐妹城」都曾是六安國的王城。考古人員根據發掘所獲的地層關係和出土文物，結合有關史料分析得知，西古城是西漢初年劉邦封英布為淮南王時的都城遺址，也就是古六安國初期的王城；而東古城則是西漢中後期古六安國某代諸侯王新建的一座王城，該城的使用年代可以延續到東晉以後。

那麼，為何古六安國會有兩座王城呢？據史載，淠水在歷史上多次氾濫，而西古城緊鄰淠水。為了躲避日益嚴重的水患，統治者只好另選新址建城。東古城地勢較好，且離西古城很近，搬運建築材料和搬遷官署都十分方便，所以也就成了新都城的所在地。這就是一地出現兩座東西並列、時代略有先後的「姐妹都城」的原因。

漢朝楚王陵

一九九五年年底，考古人員在徐州獅子山楚王陵發現了一件最完美的「絕品」金縷玉衣。這種只有古代君王才能享用，據說能令屍體不腐、靈魂不滅的特殊葬衣，是用大約四千片大小基本相同的玉片用金絲串連起來的。

徐州自古就是一座軍事重鎮，有史以來，圍繞著徐州進行的戰役就多達兩百餘場。徐州又名彭城，歷史上就有「自古彭城列九州，龍爭虎鬥幾千秋」的說法。而且，徐州還是漢高祖劉邦起家的地方。西漢建立後，劉邦分封諸王，將徐州周圍的三十六個縣都劃為楚國，分給他的弟弟劉交楚元王，史稱楚王，此後共延續了十二代，他們死後都葬在了環繞徐州的山丘之中。考古學家在這裡發現了八位楚王的陵寢，可惜這些陵寢已被盜掘過多次了。徐州的周圍還有很多以「洞」為名的山，比如山洞山、南洞山、東洞山等。其實，這些洞就是被洗劫一空的漢墓。

尋找漢墓王陵

徐州發掘出的漢墓群、兵馬俑和位於北郊茅村附近的東漢畫像石墓，被並稱為「漢代三絕」。但獅子山楚王陵的發現，還應從漢兵馬俑的出土引起考古學家們的重視說起。

一九八四年冬，一輛推土機在獅子山西南部取土時，偶然鏟出了一批漢兵馬俑。這也是繼一九六五年陝西咸陽漢兵馬俑、一九七四年西安臨潼秦始皇兵馬俑發現後，中國出土的第三批兵馬俑。

對此，考古學家開始思考一個問題：這麼多的兵馬俑為什麼會葬在這裡呢?從已發現的咸陽兵馬俑和臨潼秦始皇兵馬俑來看，這裡應該屬於漢代某個王陵的陪葬墓。考古學家開始將目光集中在附近的獅子山上，並開始利用各種儀器探測，還請來了地質勘查隊鑽孔探究，最終卻是一無所獲。

勘探工作進展得很困難，因為山丘上到處都是民房和人家，所以勘探不能大規模進行，只能採用梅花樁的勘探方法。儘管這樣，探察還是要受到了當地住戶的阻撓，最終勘探只好放棄。

考古隊員就這樣在小小的一座獅子山上找了六年。直到一九九〇年的一天，徐州漢兵馬俑博物館館長、考古學家王愷在獅子山村裡找線索，在與一位老人閒聊時，聽老人說他家祖輩挖過一個很深的大地窖，其中最大一個能放一萬多公斤的紅薯。說者無意，聽者有心，考古學家心裡感到疑惑：這獅子山上到處都是石頭，怎麼能挖出這麼大的地窖?

隨後，考古隊員在老人的配合下從這個已廢棄多年的地窖裡開始了尋找線索。當探溝挖到地下三公尺時，發現了外墓道上人工開鑿的痕跡。這一消息傳出，讓人們都非常驚喜。為掌握陵墓的具體位置，考古人員又進行了細緻的勘探，用了整整兩年時間，直到一九九二年，確定楚王陵的位置距陪葬的兵馬俑隊陣只有五百公尺。

發掘獅子山楚王陵

一九九四年十一月，獅子山楚王陵正式開始發掘，中國還將徐州獅子山楚王墓列為一九九五年全國十大考古發現之首，由六名專家和六位年輕的研究人員組成的考古隊開始進行考古發掘工作。

楚王陵是一座坐北朝南的陵墓，共有十二間房，使用面積可達八百五十多平方公尺，幾乎將獅子山掏空了半座。陵墓採用的是漢代流行的橫穴岩洞式，但又開鑿了一個巨大而方正的天井，這在以往開掘的漢墓中是不曾有過的。

為了清理天井中的夯土和填石，人們用堆高機、起重機作業，也足足花去了三個月的時間。獅子山不是一座土山，它是座石頭山。在當時的條件下，要開鑿這個碩大的一個天井，鑿石、夯土量約五千立方公尺，靠的全部都是人工，工作量可想而知了，實在是令人吃驚。專家們據此推測，這座規模宏大的楚王墓，在當時至少也需要花費二十年才能完工。這座天井就如同一座華麗的大廳，高達十一公尺，長達一百一十七公尺的墓道，穿過天井通向山體深處神祕的地下陵寢。

然而，即便是建造隱祕、設計費盡心機，最終獅子山漢墓也沒有逃脫被盜的結局。在發掘之初，考古人員就在天井中部的填土中發現了一個盜洞，斜向西北方向，而且是沒有絲毫偏差地直通向塞門。盜洞的外口小得僅能容身，裡面的直徑卻有九公尺多。內墓道是由四塊一組共四組的塞石嚴密地堵著，可以清楚地看出當時盜墓人在一組塞石上鑿成「牛鼻扣」，然後穿了繩子連撬帶拖，將四塊各重達六噸的大石頭硬拉出了墓道，這簡直是令人難以想像的。而當他們離開時，還再次將盜洞填上、堵好，這一堵就堵過了兩千多年。可見，當時的盜墓者組織是何等嚴密。通常被盜過的墓葬都會留下一些痕跡，但這裡卻一點都沒有。

進入墓陵，發掘國寶

一九九五年二月，主墓道內淤泥被完全清理乾淨了，考古人員準備進入墓穴，卻發現挖掘了五十多公尺長的照明路線都不夠，最後只能再次加長。而當墓穴深處驟然放出光芒時，那景象簡直令人目瞪口呆：地上的淤泥有五十到六十公分厚，泥土間有很多碎玉閃著幽幽的光。考古人員在這神祕的地下宮殿裡親手觸摸著兩千多年前楚王寶物，激動不已！

然而令人遺憾的是，楚王安睡的一個鑲嵌著一千六百多塊玉片拼合成各種圖案、空白部位繪有漢代漆畫，長二點八公尺、寬一點零四公尺的玉槨，已被盜墓者砸開了，玉片更是碎了一地，裹著金縷玉衣的楚王也失去了昔日的威風，被盜墓者從墓中拉了出來，金縷玉衣也被剝去了，就連七孔中塞著的金玉和楚王身上佩著的金印都被盜走了。楚王的遺骨也已被滲入地宮的水沖得四分五裂，屍首分離、肋骨四散，夾雜在一片碎玉與泥土中間，景象慘不忍睹。

幸運的是，盜墓者只在主墓室內盜取，主墓室外的三間耳室沒有被盜。而在這幾間耳室內，也留下了可觀的文物。

雖然楚王的金縷玉衣被剝了下來，但從散落了四千多片玉片的跡象表明，盜墓者只為拿走金銀，卻不曾動那些質地上乘、工藝精緻、光彩照人的玉璜、玉壁、玉杯、玉牙沖、玉龍等，而現在看來件件都是國寶。經清查，這裡共有兩百多件套完整的玉器。由於漢代對使用玉器有這點嚴格的等級規定，因此普通人一般不會有名貴的玉器；若有，就等於是告訴別人這些東西不是偷來就是盜來的，會招來殺頭之禍。正因為如此，墓中的這些玉器才得以完整地保存下來。

可惜的是，盜墓者拆下了金縷玉衣的金絲。這些串起玉片的金線足有兩到三公斤重，而一件世代絕品的金縷玉衣也被拆得四分五裂了。從散落的玉片上看，每片玉上都有四個以上鑽孔，這些鑽孔細小的只有如今最小號的縫衣針般大小，而且都是緊依著邊角工整地排列著，可想而知當年的手工藝已經高超到了何種程度。

根據出土的文物推測，徐州獅子山的墓主人應該是西漢的第三代楚王、劉邦的侄孫劉戊。但由於金印被盜流失，所以推測也難以確證。據史料記載，劉戊是漢史上有名的七國之亂的反王之一，兵敗後自殺。為此也就有了疑惑了：既然是兵敗後的楚王，怎麼還能如此風光地穿著御賜的金縷玉衣下葬嗎？側室裡還能有陪葬者？而這些疑問，只能等待考古學家和歷史學家們的進一步研究了。

相關連結——七國之亂

吳楚的七國之亂，是指以劉邦之侄劉戊與吳王劉濞聯手發動的一次同姓王叛亂。參與叛亂的七國國王主要有吳王劉濞、楚王劉戊、趙王劉遂、濟南王劉辟光、淄川王劉賢、膠西王劉昂和膠東王劉雄渠，吳王劉濞為這次叛亂的主謀。

其實劉濞蓄謀叛亂為時已久，而這場變亂的導火線是漢景帝三年（西元前一五四年），景帝和晁錯認為吳王劉濞有罪，趁機想削他的會稽和豫章兩郡。劉濞便乘機串通楚、趙、膠西、膠東、淄川、濟南六國的諸侯王，發動了聯合叛亂。

戰亂時，劉濞發兵二十萬，並親為主力。同時，他又派人與匈奴、東越、閩越等貴族勾結，用「清君側，誅晁錯」的名義舉兵西向。叛軍順利地打到了河南東部，景帝因惶恐，先從袁盎議殺了晁錯，想滿足他們「清君側」的要求，換取他們退兵；但晁錯死了，叛軍根本不退，還公開聲言要奪皇位。

叛軍至梁國（治今河南商丘）時，景帝的弟弟梁王劉武阻截了叛軍。至此時，景帝才決心以武力進行鎮壓。他命太尉條侯周亞夫與大將軍竇嬰率三十六萬大軍，以奇兵斷絕了叛軍的糧道，只用了十個月的時間就大破叛軍。劉濞逃到東甌，為東甌王所殺。其餘六王皆畏罪自殺，七國都被廢除。

西安法門寺地宮

位於陝西省西安市的法門寺地宮，打開了佛教和盛唐王朝的寶藏，是世界上迄今為止發現的年代最久遠、規模最大、等級最高的佛塔地宮。整個地宮在清幽的燈光照射下，顯得尤為神祕。

一九八七年，法門寺地宮千年後重見天日。地宮內的珍寶也並未深埋，距離地宮口的地面僅二十多公分。如今，神祕的法門寺地宮已擴建百倍並重新向世人開放，而法門寺的前塵往事也勾起了人們的追憶。

千年祕密浮出地宮

法門寺，位於西安市向西一百一十公里的扶風縣。寺內的法門寺塔始建於東漢時期，是一座佛教舍利塔。據記載，法門寺塔下有地宮，地宮內埋有釋迦牟尼指骨舍利和無數珍寶。但這個記載至今也無人能斷定真偽，直到一九八一年，一場暴雨讓地宮內的祕密浮出了水面。

清代時期，法門寺塔曾在一次地震之中傾斜，並出現了裂縫。此時，塔體重心偏離三公尺多，西南角塔基下陷一公尺多。所幸的是，寶塔初建時結構嚴謹，建築技術高超，所以才保持了三百多年屹立不倒。

在一九八一年的一場暴雨中，法門寺塔西南半部轟然倒塌，塔內所藏的佛經佛像也紛紛跌落。

但另一半塔卻仍屹然聳立，成為一大奇觀。對此，陝西省政府馬上作出了重修法門寺塔的決定，並成立了重建法門寺塔委員會。一九八七年春，開始拆除殘塔、整理佛像、經書和其他文物。為了重打地基，陝西省考古文物部門還對佛塔地宮進行了發掘。就在西北角的清理和挖掘中，刨開三處碎石，露出了一個地洞，裡面金碧輝煌，千年祕密在這一刻浮現出來。

抗戰時期被意外開啟

在地宮內，有各種令人眼花撩亂的珍寶兩千四百多件，件件都可謂價值連城。然而讓考古人員疑惑的是，這個地宮並不隱蔽，難道真的一千多年來都無人知曉嗎？

事實上，知道這個祕密的人確實存在，而且不止一個。一九三七年，華北慈善會會長朱子橋等人到陝西賑災，親眼目睹了法門寺真身寶塔的傾斜，寺院瞬間一片破敗。一九三九年，法門寺塔重新修復。在修復期間，不少當地人都參與了工程。工友們在偶然間，也透過石板縫隙看到了地下的寶物。

朱子橋聞訊後，從西安匆匆趕來。此時，陝西正處於激烈的抗戰當中，各軍閥勢力也是此消彼長，到處都是流離失所的災民。據說朱子橋左思右想後，不顧旁人勸說，說了四個字——與此無緣。為保護地宮寶物，他即令掩閉，並讓所有參與修復的工友們發誓保守祕密。此後，法門寺塔還多了不少恐怖的傳說，比如地下有口萬丈的深井、裡面有吃人的大蟒等等，據說這些傳說都是朱子橋所編的。後來，朱子橋仍不放心，還做了一尊巨大的銅佛像佇立在地宮天井蓋正上方的塔基上，並請僧人黃昏守護寺院。直到一九四一年，朱子橋在陝西病逝時，都一直守護著這個祕密。

一九八七年，法門寺地宮文物終於重見天日。當初參與修復工程的工友們，也終於有機會看到了真實的地宮。當年從那個小小的石板縫隙中看到的金燦燦的棍子，竟是一根長一點九六公尺的雙環十二輪鎏金銀錫杖，一共用了六十二兩黃金、五十八兩白銀。杖首兩個金輪上還套著十二枚雕花的金環，金環圍繞著兩重象徵聖潔的蓮花寶座，頂端是一顆象徵智慧的寶珠，如今它已經成為法門寺博物館的一件鎮館之寶。

穿越千年歷史神祕地宮

在法門寺塔前，考古人員發現了一條進入地宮的通道，看到了一把鏽蝕的鐵鎖封鎖的石門。當考古人員將石鎖打開後，封存了千年的珍寶和歷史便呈現在世人面前了。

地宮中的物品安然如初，一千多年前的阿育王塔依舊色彩奪目。塔身由整塊漢白玉雕成，塔的四面雕刻著身姿婀娜的菩薩像，朱紅色的裙褲和粉綠色的披帶如同剛描繪的一般。在一個白藤箱中，考古人員還發現了已經黏成一堆的絲綢服裝。此前人們一直不知道唐代皇家絲綢是什麼樣的，而這裡發現了惠安太后的衣服，以及武則天的裙子。雖然大部分絲織品已經炭化或部分炭化，但五件蹙金繡竟被完整地保留了下來。在顯微鏡下人們發現，這五件蹙金繡的金線是用黃金拉成的，平均只有零點一毫米，最細的地方僅有零點零六毫米，比我們的髮絲還要細，即使現代的高科技手段也很難達到這樣的工藝水準。

當考古人員揭開已經破碎的大理石蓋板後，直接從頂部進入時發現，石室中擺滿了珍稀寶物，其中金銀器就有一百二十多件，各種珠寶玉石四百多件……在金銀器中，最令人稱奇的是兩個鎏金銀質圓球，稱為「香囊」。在球內的小碗中裝上香料，點燃後香氣就會從鏤空的紋飾中溢出。為了防止香囊晃動時香料流出，工匠們還運用了現代的平衡裝置原理，在內部裝了兩個平衡環。圓球滾動，內外平衡環也隨之滾動，從而保持香碗的重心不動。

在地宮的第三道石門後，是地宮的中室，一個已經腐朽的檀木箱中，是一個祕色瓷。因為燒製工藝早已失傳，所以現代人也從未見過真正的祕色瓷。除此之外，考古人員還在這裡意外地發現了二十件來自異域的玻璃製品，玻璃器上的紋飾有著典型的伊斯蘭風格。其中的玻璃盤被認為是世界上迄今為止發現的最早的伊斯蘭釉彩玻璃。

在一個密龕裡，考古人員還發現了一個包裹著一個鏽跡斑斑的鐵函。打開鐵函，裡面層層相套，最裡面靜靜躺著一個潔白的小玉棺：一枚佛指舍利靜靜地躺在玉棺裡。這枚骨質的舍利，正是佛祖釋迦牟尼真身指骨。

兩千四百多件珍寶橫空出世，法門寺也在一九八九年正式對外開放，二十年來吸引了無數的慕名者。如今，這個歷史的寶藏經過重新擴建，繼續向世人展示封存千年歲月的傳奇歷史。

延伸閱讀——法門寺十大世界之最

（1）法門寺佛指舍利，是目前世界上發現的有文獻記載和碑文證實的釋迦牟尼佛真身舍利，也是佛教世界的最高聖物。

（2）法門寺地宮是目前世界上發現的年代最久遠、規模最大、等級最高的佛塔地宮。

（3）地宮文物的陳列方式是世界上目前發現最早的唐代密宗之金胎合曼曼荼羅遺規。

（4）地宮出土的整套宮廷茶具是目前世界上發現的年代最早、等級最高、最完整的宮廷茶具。

（5）地宮兩萬七千多枚錢幣中，其中的十三枚玳瑁開元通寶是目前世界上發現最早的、絕無僅有的玳瑁幣。

（6）地宮中發現的十三件宮廷祕色瓷，是目前世界上發現的年代最早，並有碑文證實的祕色瓷器。

（7）地宮中發現的七百多件絲織品，幾乎囊括了唐代所有的絲綢品類和絲織工藝，堪稱唐代絲綢的寶庫，是唐代絲綢考古的空前大發現。

（8）地宮中出土的雙輪十二環大錫杖，長一百九十六公分，是目前世界上發現的年代最早、體型最大、等級最高、製作最精美的佛教法器。

（9）安奉第三枚佛祖真身舍利的鎏金銀寶函，上面鏨刻金剛界四十五尊造像曼荼羅，是目前世界上發現的最早的密宗曼荼羅壇場。

（10）盛裝第四枚佛指舍利的八重寶函，是世界上發現的製作最精美、層數最多、等級最高的舍利寶函。

神祕的西夏王陵

西夏王陵位於中國寧夏回族自治區銀川以西約三十公里的賀蘭山東麓，是西夏王朝的皇家陵寢。在方圓五十三平方公里的陵區內，共分布著九座帝陵，兩百五十三座陪葬墓，是中國現存規模最大、地面遺址最完整的帝王陵園之一。

曾經輝煌的西夏王朝

十一世紀初，以党項羌族為主體的西夏建立了封建王朝，自一〇三八年李元昊在興慶府（銀川市）稱帝建國，於一二二七年被蒙古所滅，在歷史上存在了一百八十九年，經歷十代皇帝。其疆域「東盡黃河，西界玉門，南接蕭關，北控大漠，地方萬餘里」，鼎盛時期的疆域面積可達到八十三萬平方公里，包括今寧夏、甘肅大部，內蒙古西部、陝西北部、青海東部、新疆東部及蒙古共和國南部的廣大地區。前期與北宋、遼平分秋色，中後期與南宋、金鼎足而立，被人形容是「三分天下居其一，雄據西北兩百年」。

這是一個曾經擁有無限光輝文化的少數民族，也是一個歷史似謎的古代政權。西夏國不是一個甘於寂寞落伍的民族和政權，它積極汲取了漢民族和北宋政權的文化營養，創造出了自己的文字，制定了自己的典章、禮儀制度，形成了與漢民族文化具有姻親關係的西夏文化。

歷史學家戴錫章在寫完《西夏記》後，曾喟然而歎：「夫西夏聲明文物，誠不能與宋相匹，然觀其製國書、釐官制、定新律、興漢學、立養賢務、置博士弟子員。尊孔子為文宣帝，彬彬乎質有其文，固未嘗不可與遼金比烈！」

然而到了十三世紀初期，隨著成吉思汗對西夏的征服戰爭，西夏的悲慘命運就開始了。據明代《弘治寧夏新志》記載：從一二〇五年至一二二七年，成吉思汗先後對西夏進行了六次戰爭。其中在一二〇九年、一二一七年、一二二六到一二二七年的三次大型戰爭中，蒙古國大軍都曾進據賀蘭山，包圍西夏國都中興府，進行了大規模的殺戮與破壞。一二二六到一二二七年，成吉思汗發動的最後一次滅夏戰爭，西夏百姓「穿鑿土石，以避鋒鏑，免者百無一二，白骨蔽野」。西元一二二七年，一代天驕成吉思汗在出征途中病死六盤山，其軍隊遂將亡帥之恨移泄西夏——蒙古鐵騎在其副帥的指揮下，揮師北上，發瘋似地狂烈進攻西夏國都（今之銀川市一帶），所到之處逢人便殺、遇房就燒，劫掠財物、姦殺婦孺、毀宮掘墓。一時間，西夏國內屍橫遍野、血流若河，濃煙蔽地、紫血腥天。征服者的殘酷無比，使得曾雄赫一時的西夏瞬間滅亡。隨著朝代迭替、戰火頻仍，西夏的文物典籍也毀壞殆盡，地處邊陲的西夏除了征掠外鄰之外，原本就是近乎閉關鎖國。如此而來，

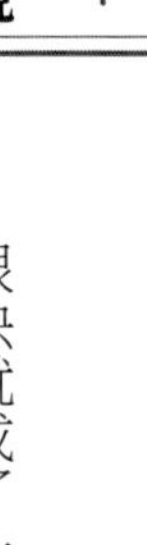

很快就成了一個近乎蒼白的歷史詞彙般的神祕王國。

偶然發現「神祕王陵」

西夏王朝留給後人的是一個又一個謎團，因為任何典籍資料上都沒有對西夏歷史的記載。人們只能從那些廢棄的建築、出土文物和殘缺的經卷中，尋找著這個古老王朝的痕跡。

一九七二年六月，蘭州軍區某部正在寧夏賀蘭山下修築一個小型軍用飛機場。十幾天後，幾個軍人在挖掘工程地基時，意外挖出了十幾件古老的陶製品，其中有幾個破碎的陶罐，還有一些形狀較為規則的方磚。令人驚訝的是：方磚的上面竟刻有一行行的方塊文字！部隊首長看過後，馬上將這一情況報告給寧夏博物館。寧夏博物館的考古人員迅速來到距離銀川市四十公里的工程現場，對現場的保護做了必要安排，同時開始搶救性挖掘。十天之後，一個古老的墓室終於在這個坑道下重見天日。

恢宏浩大的西夏王陵

在墓室中，考古人員發現了一些武士像等巧奪天工的工筆壁畫，同時還出土了一些古代精巧的工藝品和方磚等陶製品，方磚之上布滿了一個個方塊文字及花紋……經過考古人員仔細研究和辨認，確定這是一個古代西夏時期的陵墓。而出土的方塊字正是今天被人們看作如天書一般的西夏文！千年之前，西夏文明突然湮滅在茫茫的歷史煙塵當中，因而這項規模並不大的挖掘，可以說是一個重大發現。考古人員們立即在這片荒漠中發掘，希望能找到新的發現，結果沒讓他們失望——連綿的賀蘭山背景中，一片無垠的野性大漠，托起一座又一座金字塔形高大的黃土建築，在廣闊的西部天空下顯得格外雄偉。每個黃土建築周圍，都環繞著方形的城牆等輔助性建築，如同一座座神祕的城堡。而它們的斷壁殘垣在風蝕日曬之中，卻顯示著一種永不屈服時間和沙暴磨礪的頑強。

考古人員在這裡共發現高大墓塚的陵墓十五座，並最終認定這些雄偉的建築正是西夏皇家陵墓。

在此後的近三十年裡，考古人員對西夏王陵進行了考察和研究，共清理出一座帝王陵、四座陪葬墓、四個碑亭和一個獻殿遺址，從中發現了一些很珍貴的西夏文物。這些文物中有西夏文字，有反映西夏人游牧生活和市井生活的繪畫，有各式各樣的雕塑作品，還有「淳化通寶」、「至道通寶」、「天禧通寶」、「大觀通寶」等各個時期的流通錢幣，以及工藝精巧的各類銅器、陶棋子等文物。更讓人驚訝的是，從中還出土了大量造型獨特的石雕和泥塑。

與此同時，考古工作者還對陵區進行了多次全面系統的調查與測繪，並不斷發現新的大小不等的陵墓。發現的陵墓由十五座增加到七十多座，後又增加到近百座、二百餘座，截至一九九九年共發現帝陵九座、陪葬墓兩百五十三座，其規模可與河南鞏縣宋陵、北京明十三陵相提並論。專家證實，還有一些尚未發現的和因賀蘭山山洪等自然因素而消失的並不在少數，因此其真實數量可見一斑。東西五公里，南北十多公里，總面積五十多平方公里，如此浩大的皇家陵園在中國實屬罕見。沒有秦陵的鋪張，沒有唐陵的華彩，沒有明陵的氣派，沒有宋陵的考究，而西夏王陵卻更表現出一種磅礴的氣勢。難怪有關學者感歎，若能恢復西夏王陵本來富麗堂皇的建築、松柏相映的環境和紫煙氤氳的氣氛，宏大壯麗的帝王陵園景象將再現於西北邊陲。在精確的座標圖上，人們還驚奇地發現：九座帝王陵組成了一個北斗星圖案，陪葬墓也都是按星象布局排列！

王陵「三奇」

西夏王陵被發掘出來後，考古人員根據其特點為其總結了「三奇」：第一，整個王陵都仿效都城建造，氣勢恢宏；第二，陵墓內建有佛塔，並有佛光護佑；第三，陵墓內可謂古今迥異，各有不同。

西夏王陵的面積都在十萬平方公尺左右，是由內外城、闕臺、碑亭、獻殿、角闕、角臺以及高大的陵臺等部分組成，可謂是一組建築群落。歷經千年，儘管地面建築已經被嚴重破壞，而陵園內的基本布局卻清晰可辨。

在陵墓的周邊，還有一圈近似方形的建築陵城，又稱為「兆城」，不僅可以保護帝陵，還能彰顯古代帝王至尊天下的地位。

然而，考古學家對西夏王陵研究後，發現這座王陵並不簡單。比如，陵園的外城就相當於一座大城，是都城的第一道屏障；而內城則是皇城，是帝王居住和理政的禁地，對應的是西夏國王死後被安葬在陵城內城的地宮當中；陵墓的月城也稱甕城，是護衛皇城的；而西夏王陵內城獻殿布局，也與皇城結構相似。因此，可以說西夏王陵的布局是典型的都城結構縮影。由此我們也可推斷出，千年之前的西夏王國是怎樣的恢宏與繁盛。

那麼，王陵中為何又要修建佛塔呢？研究發現，西夏王國是一個篤信佛教的國家，帝王沒有不廣修佛寺的。也正是因為帝王們對佛教的推崇，才讓他們在選擇建造自己的陵寢時一同修建了佛塔。

此外，考古人員透過調查還發現，在王陵區內有很多華美精緻的建築構件，既有帶有濃郁佛教色彩的忍冬紋、蓮花紋方磚，也有色彩豔麗的琉璃殘件，還有銅鈴、石碑、石像及各色殘瓦等。在陽光綠樹的掩映下，一座座陵園緊湊而整齊地排列，顯得莊嚴而靜謐。

歷經千年滄桑的荒野古塚，如今雖然已經失卻了往日的輝煌，但依然靜靜地躺在賀蘭山下，向後人訴說著一代王朝的榮辱興衰。有首〈古塚謠〉曰：「賀蘭山下古塚稠，高低猶如浮水漚。道逢古老向我告，云是昔年王與侯。」這座「中國金字塔」已為越來越多的專家學者所注目，神祕的面紗也正在慢慢被揭去，我們期待著有一天能真正一睹她的容姿。

相關連結——西夏開國之君李元昊

李元昊是西夏的開國皇帝（一〇三八～一〇四八年在位），党項族人，原為拓跋氏，李姓為唐所賜。李繼遷孫，李德明長子，生母衛慕氏。史稱景宗。

少年時的李元昊身形魁梧，而且勤奮好學，手不釋卷，尤好法律和兵書。通漢、蕃語言，精繪畫，多才多藝。其父在位時，就已經不斷對外出戰，擴大勢力。一〇三二年，李元昊以太子身分繼位，仍稱藩與宋。後來為表示自己的獨立之心，廢除了唐宋分別賜予的李、趙姓，改姓嵬名，並以嚴酷手段徹底翦除守舊派。

大慶三年（一〇三八年），李元昊自立為帝，徹底脫離了宋朝，國號大夏，歷史也稱西夏，定都興慶府。隨後，李元昊命大臣野利仁榮創製了西夏文，並大力發展西夏文化。建國後，李元昊還推動教育，創蕃學，啟西夏文教之風；開鑿「李王渠」，以便西夏國民耕種；三次分別於三川口（今陝西延安西北）、好水川（今寧夏隆德東）及定川砦（今甘肅固原西北）等戰中大敗北宋，並於遼夏進行了第一次賀蘭山之戰，大勝遼國，奠定了西夏在遼、宋兩國的地位。

後來，李元昊本想奪取關中之地，攻占長安，但由於宋軍的頑強抵抗，夏軍大敗，李元昊的美夢也就此破滅。且由於後期戰事繁多，西夏的經濟逐漸衰退，遂於一〇四四年與北宋簽訂慶曆和議，向宋稱臣，被封為夏國王。

李元昊的文治武功都卓有成效，但他本人也有不足之處。在位的十六年中，他多次猜忌功臣，稍有不滿即罷或殺，這種做法反而導致日後外戚專權；另外，晚年後的李元昊多沉湎酒色，好大喜功，結果也導致西夏國內日益腐朽，眾叛親離。據說，他曾下令民夫每日建一座陵墓，足足建了三百六十座，用來作為他的疑塚，其後竟把那批民夫統統殺掉。

李元昊還廢皇后野利氏和太子寧林格，改立與太子訂親的沒移氏為新皇后，從而招來了殺身之禍。天授禮法延祚十一年（一〇四八年），其子寧林格趁李元昊酒醉之時，割了他鼻子，導致李元昊因失血過多而死，享年四十六歲，廟號景宗，謚號武烈皇帝，葬於泰陵。而太子寧林格後來也因為弒父之罪而被處死。

陝西楊家村青銅器的祕密

二〇〇四年一月十九日，陝西省眉縣馬家鎮楊家村的幾位村民在一個土崖上挖土時，突然在半崖處出現一個洞，挖開一看，村民們頓時驚呆了：洞裡全是都是青銅器！

這是一九四九年以來，楊家村第四次發現的青銅器。第一次是一九五六年，楊家村出土了四件周成王時期所鑄的青銅酒器，其中兩件被定名為彝方尊，兩件馬駒狀的被定名為𩣡駒尊。前者的銘文記載了西周部隊的部署情況，後者的銘文記載了西周畜牧業的發展情況；一九七二年五月，楊家村又出土了一件罕見的青銅大鼎，鼎重七十八點五公斤，記載了周成王饋贈土地給貴族臣子的事；一九八五年，楊家村又出土了一套青銅打擊樂器，包括三件一組的編鐘。

這次出土的青銅器，從器物的銘文得知為單氏家族所有，其中二十六件是宣王時期所鑄造，只有一件盃是厲王時鑄造的。

楊家村為何有這麼多寶物出土

商周時期，銅是國家的戰略物資，主要由天子控制，其他即使貴族等，也都很難獲得。即使得到銅，那也是得天子賞賜。

那麼，楊家村為什麼會出土這麼多的王室重器呢？

陝西是中華民族的發祥地之一，而周原則是周人的發祥地和商滅前的首都所在地，其遺址位於現在陝西省岐山縣和扶風縣之間，東西長約三公里，南北寬約五公里。楊家村所在的位置，正好位於周原中心區的南側，是周王室的京畿之地。

西周初年，分封的重要大臣大多都集中在楊家村一帶，向西還分布著虢國、散國等數十個諸侯國。它們與單氏的先祖一樣，都是一些周初受封的重臣。同時，楊家村還是西周時期岐邑與豐鎬間的交通要道，屬於當時的水陸碼頭。西周國家級的交通幹線「周道」都要路經這裡。將單分封在這裡，可以看出其祖先在周初的顯赫地位，他們也可能因此而屢受天子的「賜金」。由此可見，作為單氏家族的分封地，楊家村出土大量的王室重器也比較合理了。

值得我們注意的是，楊家村位於渭河以北的一個月牙形臺地上。而從寶雞縣到楊凌一帶數十公里的渭河北岸，就有幾十個這樣的月牙形臺地。考古人員從這些地方也發現了許多遺址和器物，比如在寶雞縣陽平鎮一個同樣叫楊家村的月牙形臺地上，就發現了著名的秦公鐘；在龔家灣月牙形臺地上，發現了西周時期大型建築遺址。

這這次出土重器的眉縣楊家村，也是一個東西長約七百五十公尺、南北不到五百公尺的月牙形臺地。西周時期，人們在選擇居住地時都非常重視地形，而渭河北岸的月牙形臺地背風向陽、水土豐厚，南臨渭水，遠眺秦嶺，背靠大周原，是個風水寶地。即使今天，仍然還是當地人選擇居住和生存的最佳環境。

被窖藏的精美青銅器

考古學家近些年在陝西關中地區發現了很多西周時期的窖藏青銅器。為此，關於青銅器為何窖藏的原因也一直爭論得很激烈。

有人認為，青銅器窖藏應該因為與異族交戰導致的。在與異族交戰時，倉皇之中將象徵權力和

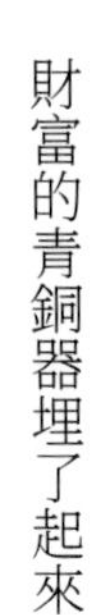

財富的青銅器埋了起來。

還有人認為，這應該是由國內戰爭造成的。比如西周晚期的國人暴動，貴族們為了不讓青銅器落入政敵之手，就將其藏起來。

也有人認為，將青銅器挖窖埋起來是為了祭祀祖先，或者祭祀山川、河流等。

不論哪種觀點，目前都沒有確切的證據。從楊家村出土的這批青銅器被挖出時，存放得十分整齊，都是大器套小器，而且沒有絲毫損壞，甚至連鑄造時的毛刺都相當清晰。這也許表明：這個窖穴其實就是專門存放青銅器的。

自從新石器時代以來，考古學家們在不同時期的不同遺址中都發現了大量窖穴，這些窖穴中存放的物品也有所不同，有的是糧食，有些是甲骨。比如在周原鳳雛發掘的一個窖穴中，就專門存放了大量甲骨，這些甲骨經解讀後判斷屬於當時的檔案。

由此可見，單氏家族當初也許就是專門挖窖存放珍貴的青銅器的。而到了春秋時期，單氏家族離開了他們的封地，落戶到了現在山東省的單縣一帶，或許是走得匆忙，或許是忘記了，使得這個青銅器窖穴才一直保存到了今天。

西周的銅是從哪裡來的

古代的關中地區基本是沒有銅礦的，然而強大的西周軍隊卻都是靠銅做武器來戰鬥的。在西周，王室貴族們也都需要大量的銅來顯示地位和力量。據統計，自西漢神爵四年（西元前五八年）起，關中地區已有五十多個縣出土過商周的青銅器了，總數也不少於八千件，其中鑄有銘文的禮器就有七百多件，占全國總數三分之一。這些銅到底是從哪裡得來的呢？

經測定，西周時期的銅主要來自於安徽和湖北等地，大部分都是透過貿易交換獲得的。當地的人將銅礦煉成銅錠，再將銅錠運到西周都城，交於國庫，這樣天子就可以使用了。而從遙遠的地方將銅運到關中，其間也一定會有很多困難的經歷，這也就是為何西周王朝總是不斷與南淮夷、荊楚作戰的原因了。

楊家村窖藏青銅器之「最」

考古人員從楊家村發掘出的窖藏西周青銅器中，有二十七件器物上都刻有銘文，而且件件都刻有精美華麗的紋飾。

在這批出土的青銅器中，第一次系統地將單氏家族的列祖列宗事蹟及族譜都詳細記錄了下來。這不僅具有重要的考古價值，對學者研究中國的家譜發展史及家譜起源演變等，也具有重要意義。

其次，這批青銅器還第一次將年、月、干支與月相四要素集中在一起多次使用，這也對西周晚期青銅器的譜系研究、斷代研究提供了標準器，為西周周王譜系的確定提供了重要參考證據。

同時，這批青銅盤上所刻的銘文達到三百五十多字，超過了以往考古人員發現的西周時期的史嗇盤，因此也成為目前已知西周銘文中最長的盤。

而且，這批青銅器銘文中還記載了文、武、成、康、昭、穆、恭、懿、夷、厲到宣十位周王的名稱、位次和有關事件，這也是有記載的最多歷代周王的一次發現。從中，我們還能發現一件有趣的事，就是包括《史記．周本紀》等史書記載的共和執政，在銘文周王排序中都沒有出現，這可能與《史記》中「共和亂政」這句話有關。但這是否也說明了正統與非正統的爭論在西周時期就已存在，目前還不得而知，此外，這還是目前所知西周青銅器中紀年時間最長的一批器物群。

延伸閱讀——中國出土的著名鼎尊

司母戊鼎：是中國商代後期（約西元前十六世紀至西元前十一世紀）王室祭祀用的銅方鼎，一九三九年三月十九日在河南省安陽市武官村一家的農地中出土。司母戊鼎高一百三十三公分，口長一百一十公分，口寬七十九公分，重八百三十二點八四公斤，鼎腹長方形，上豎兩隻直耳（發現時僅剩一耳，另一耳是後來據另一耳複製補上），下有四根圓柱形鼎足，是中國目前已發現的最重的青銅器。該鼎是商王祖庚或祖甲為祭祀其母所鑄。

四羊方尊：尊為古代盛酒器。四羊方尊屬商朝晚期偏早的青銅器，祭祀用品，是中國現存商代青銅器中最大的方尊，高五十八點三公分，重近三十四點五公斤，一九三八年出土於湖南寧鄉縣黃村月山轉耳侖的山腰上。四羊方尊器身方形，方口，大沿，頸飾口沿外侈，每邊邊長為五十二點四公分，其邊長幾乎接近器身五十八點三公分的高度。長頸，高圈足，頸部高聳，四邊上裝有蕉葉紋、三角夔紋和獸面紋。全體飾有細雷紋，四角和四面中心線合範處均設計成長稜脊，以此來掩蓋合範時可能對合不正的紋飾。

毛公鼎：西周晚期青銅器物，道光末年出土於陝西省寶雞市岐山縣。毛公鼎直耳，半球腹，矮短的獸蹄形足，口沿飾環帶狀的重環紋。銘文有三十二行四百九十九字，乃現存最長的銘文。

龍虎尊：一九五七年出土於安徽阜南縣，高五十點五公分，口徑四十四點九公分，重約二十公斤，是一件具有喇叭形口沿，寬折肩、深腹、圈足，體型較高大的盛酒器。龍虎尊的肩部裝飾著三條蜿蜒向前的龍，龍頭突出肩外。腹部紋飾是一個虎頭兩個虎身，虎口之下有一人形，人頭銜於虎口之中。龍虎尊紋飾的主題是「虎口銜人」。這一圖案的含義究竟是什麼，目前還不能做出精確的解釋。

鴞尊：鴞俗稱貓頭鷹，古代人們最喜愛和崇拜的神鳥。鴞尊於一九七六年出土於河南安陽殷墟的婦好墓，原器為一對兩隻，鑄於商代後期。高四十五點九公分，外形從整體上看為一昂首挺胸的貓頭鷹。通體飾以紋飾，喙、胸部紋飾為蟬紋；鴞頸兩側為夔紋；翅兩邊各飾以蛇紋；尾上部有一展翅欲飛的鴞鳥，整個尊是平面與立體的完美結合。尊口內側有銘文「婦好」二字。

非洲考古大發現

埃及吉薩金字塔

屬於古代的七大奇蹟之一的十座埃及吉薩金字塔，聳立在尼羅河兩岸沙漠上的，它們建造在離當時的首都——孟斐斯不遠的吉薩，可以代表古埃及時期最高的建築成就。

相傳古埃及在第三王朝前，不管王公大臣還是普通百姓死之後，都要被葬在用泥磚砌、長方形的墳墓裡，這種墓碑稱為「馬斯塔巴」（mastaba）。後來印和闐（Imhotep）為埃及法老左塞爾（Zoser）設計墳墓，偶然發明了新的建築方法——用方形石塊代替泥磚，設計方案也經過了反覆修改，最後他建了一個六級的梯形金字塔，它就是我們今天看到的金字塔的雛形。因為金字塔是梯形分層的，所以古代埃及文中稱它為層級金字塔。這角錐體建築物很高大，底座是四方形的，每個側面又成三角形，形狀很像漢字的「金」字，所以被稱為「金字塔」，印和闐設計的塔式陵墓也就成了埃及歷史上第一座石質陵墓。

吉薩金字塔的真面目

一八一八年，吉薩金字塔被發現。而隨著後人的不斷發掘，吉薩現已被發現的金字塔有九十餘座。與埃及其他地方相比，人們對吉薩金字塔的挖掘可能超過世界上任何其他地方。

在吉薩諸多的金字塔中，最著名、最大、保存最好的金字塔，屬於第四王朝的三位法老古夫、卡夫拉（Khafra）和孟卡拉（Menkaure）。其中古夫金字塔最大，高一百四十六點六公尺，底邊長有兩百三十點三五公尺，是一座幾乎實心的巨石體，用兩百多萬塊巨石砌成；卡夫拉金字塔的高是一百四十三點五公尺，底邊長有兩百一十五點二五公尺；孟卡拉金字塔的高六十六點四公尺，底邊長有一百零八點零四公尺。

這三座金字塔的排列順序，都是按照獵戶座的腰帶排列，又以尼羅河作為銀河。獵戶座對埃及人來說很重要，因為他們相信神都住在獵戶座，那裡就是彼世的所在地，而這種天地相互對應的關係恐怕並非偶然。

除了金字塔外，獅身人面像的發掘，也是吉薩金字塔考古的重要部分。四千五百年間，獅身人面像除了脖頸以上的部分能被人觀賞到，其他部分都為流沙積土所掩埋。數千年來，人們曾多次嘗試清理掉這些積沙，阿蒙霍特普二世（Amenhotep II）的兒子圖特摩斯四世（Thutmose IV），約在西元前一千四百年就進行了第一次清理工作，並加以修飾，用灰石將它圍起來，塗抹上紅、藍、黃三種顏色。一八一八年，熱那亞的一位船長喬凡尼．卡維利亞（Giovanni Battista Caviglia）又把被封埋的斯芬克斯雕像的胸部清理出來。一九二六年，該雕像座基以上部分才被全部被清理出來。

金字塔與法老陵墓

古埃及人之所以建造金字塔作為法老和王后的陵墓，與埃及的宗教觀念和日益加強的法老神權有著密不可分的關係。在古王國時期（Old Kingdom）以前，埃及人的墓葬形式非常簡單；而到了第三王朝時，法老為了宣揚自己的權威，便努力將陵墓與貴族的區分，此時金字塔便出現了。

早期的金字塔被稱為階梯金字塔，它出現於第三王朝的左塞爾法老時期，最初是一個六層階梯式塔墓。不過，金字塔本身只是陵墓建築群的一部分，下面還有許多帶通道的迷宮、過道、走廊和厝室等，周邊還有各種迥異的紀念性建築、祭堂和庭院等。整個陵墓建築群都被巨大的石牆包圍著，有一個真正的入口和十三個假入口。實際上，這是一個標誌法老身分的龐大綜合陵墓。

此後的半個多世紀，又陸續出現了一種新型的金字塔陵墓，比如美杜姆金字塔（Meidum）。該金字塔擺脫了以前階梯金字塔的形式，共高八層，由眾多粗糙的石頭組成巨大的臺階，外表由石灰石包圍裝飾，平滑完美。有人推測，該金字塔可能是第三王朝的最後一位統治者胡尼（Huni）的陵墓。

事實上，真正的金字塔源於第四王朝的第一位法老斯尼夫魯（Sneferu），他一共建造了兩座金字塔，一座為彎曲的金字塔，建造角度在塔腰部位以上微微縮進；另一座為紅色金字塔，因為使用的是紅色的灰石；而最終，斯尼夫魯選擇了紅色金字塔作為自己的陵寢。它們的規模要遠遠超過階梯金字塔，並成為埃及最龐大的建築群。

而斯尼夫魯的兒子古夫建造的金字塔，更是達到了金字塔陵墓的高峰。該陵群的圍牆只是把大金字塔圍起來，外面分別為法老的三位王后建造的金字塔，不遠處還有幾座「馬斯塔巴」和兩座神殿。這些建築群相互連接，並經由輔道通向主金字塔。塔北壁上有個離地面十三公尺、四塊巨大的石塊支撐起來的三角形拱門，這這拱門是塔的唯一入口。進了拱門之後，有一條約一百公尺長的下坡甬道直通到墓室。墓室在塔底，離地面的高度大約有三十公尺。下坡甬道上的一個分支通到王后的墓室，沿坡甬道繼續走是一條大走廊，它的盡頭是古夫墓室，離地面四十多公尺。

當然，古夫墓室是整個金字塔的中心。墓室高約六公尺，門口是一塊重達五百五十噸的石頭做成的門，頂部用九塊巨石蓋成。墓室裡有一口石棺，墓室上面有五層「緩衝室」，最上層的頂蓋為三角形，可以減輕墓室承受的壓力。墓室的南北牆上有兩條直通塔外的通風管道，可以保證空氣的流通。不過奇怪的是，石棺裡根本沒有法老的屍體，而是空空如也。而迄今為止，人們也沒有找到法老古夫的遺體。

相關連結——獅身人面像

獅身人面像，又被譯做斯芬克斯（Sphinx），它在開羅西南吉薩大金字塔的旁邊，也是埃及的著名古蹟之一，還和金字塔一樣，屬於古埃及文明中最具有代表性的遺跡。

該像高達二十一公尺，長有五十七公尺，僅耳朵就有兩公尺多長。除十五公尺長、前伸的獅爪是大石塊鑲砌上去的之外，整座像都是在一塊巨石上雕成的，該巨石含有貝殼等雜質，古埃及第四王朝法老古夫的臉型是像的面部。

相傳在西元前二六一一年，古夫曾到此巡視自己的陵墓，他命令為自己雕鑿一尊石像。於是工匠就別出心裁，雕鑿了一尊獅身人面像，以古夫法老的面像作為獅子的頭。獅子是古埃及力量的象徵，該面像也就是法老精神和力量的象徵。坐西向東，這頭石獅蹲伏在古夫陵墓的旁邊。又因為它的形狀像希臘神話中的人面怪物斯芬克斯，故西方人也如此稱呼它。

原來的獅身人面像頭戴皇冠，額頭套有聖蛇浮雕，頷下留有長鬚，頸部圍有項圈；但幾千年的風吹日曬、沙土掩埋，使得皇冠和項圈都不見了。一八一八年，英籍義大利人卡菲里亞在雕像下掘出聖蛇浮雕，並獻給了大英博物館；雕像的鬍子也脫落，四分五裂，埃及博物館保存了兩塊，大英博物館保存了一塊（現已歸還埃及）；鼻部也已缺了一大塊，有人說是拿破崙的士兵侵略埃及時將它打掉，但事實上是伊斯蘭教的蘇菲派教徒將它砸壞的。

目前已經四千多年的獅身人面像，可以說是千瘡百孔，尤其頸部和胸部被腐蝕最厲害。石像在一九八一年十月左後腿坍方，兩公尺寬、三公尺長的大窟窿露出來；一九八八年二月，石像右肩又掉下兩塊巨石，其中的一塊重達四千斤，不管怎麼看，現在的獅身人面像都讓人感到很彆扭。有人曾經想修繕，可是修繕後的效果也不敢保證，所以就一直維持著現在這個樣子。

圖坦卡門陵墓的祕密

帝王谷在尼羅河西岸的沙漠，古埃及的大部分法老都埋葬在此。圖坦卡門在西元前一三三六年到西元前一三二七年統治埃及，是第十八王朝的一位法老，死時才十七歲，死因至今仍是個之謎。圖坦卡門的陵墓於一九二二年被發現，可以說這是埃及考古史上、甚至世界考古史上最偉大的發現。

尋找圖坦卡門墓

十九世紀，眾多歐洲探險家都來到埃及考察金字塔，一些人用金錢開路，向埃及當局申請發掘權，然後盡悉搜刮早已經被盜賊洗劫過的金字塔寶物。

英國人霍德華．卡特（Howard Carter）是一位很有成就的埃及考古學家，他來到埃及後，並沒有急於進入金字塔，而是把被盜空的金字塔的主人和保存下來的埃及古文獻進行對照研究；最終卡特發現，還有一位法老——年輕早逝的圖坦卡門的陵墓，至今沒有被任何人發現過，而它很有可能就隱藏在帝王谷。

圖坦卡門，原名圖坦卡頓（Tutankhaten），約西元前一三七〇年出生，西元前一三六一年左右，僅十歲的圖坦卡門娶了法老阿肯那頓（Akhenaten）十二歲的公主為妻，同時即位為埃及法老。

圖坦卡門與王后很相愛，但他即位時還只是個孩子，同當時擔任宰相的祭司長阿伊（Ay）共同執政。圖坦卡門逐漸長大，與宰相阿伊的矛盾也日益尖銳。西元前一三五一年，僅十八歲的圖坦卡門暴斃，宰相阿伊為他舉辦了隆重的葬禮，並將他祕密安葬。悲痛欲絕的年輕王后派人去土耳其的哈圖沙（Hattusha）拜見西臺國王，請他派一名王子前往埃及，與她成婚，以繼承王位。西臺王派了一名王子到埃及，可是王子還沒有到達埃及就被人刺殺了。宰相阿伊就繼承了王位，王后也被囚禁，之後的命運便不得而知。

圖坦卡門是怎樣死去的？是患病？還是被謀殺？宰相阿伊將圖坦卡門葬在何處？這一切都是個謎。

一九一四年，霍華德．卡特開始發掘埃及帝王谷。直到一九二二年，卡特才在帝王谷找到了一個陶杯和刻有圖坦卡門名字的印章。不久，他又發現了一條有十六級臺階的階梯，通向一條二十七英尺長的地下通道。一九二二年十一月二十六日，卡特等人一起開啟了通道的頂蓋，發現了圖坦卡門墓室，揭開了一段世人從未知曉的古埃及歷史。

金碧輝煌的圖坦卡門墓

一九二三年二月十七日，卡特等專家對圖坦卡門墓室進行了大量的發掘工作。圖坦卡門墓由通廊、前室、副室、陵寢和寶庫五個部分組成，各室中以前廳最大，面積可達三十四平方公尺。在陵墓寢室入口處，還有一對圖坦卡門等身立像，高一百七十一公分。雕像中的法老以傳統的邁步姿勢站立，一隻腳邁步大，另一腳邁步小一點；他手持權杖，神情平靜自然，其嵌肩圍裙、袋形髮冠、腕飾和護身符等，都是用純金製作，臉部和身體都塗以黑漆。黃金和黑漆形成了鮮明的對比，體現了法老的權威；寢室內還有一大幅壁畫，描繪的是法老在冥王歐西里斯（Osiris）主持下舉行復活儀式的場景。

圖坦卡門陵墓中共有四個墓室，存放了一整套金光閃閃的家具和一千七百多件黃金製品。家具中最特別的，是一張木製金銀貼面的獅子寶座，被考古學家認為是「迄今為止埃及出土的最美麗的文物」。這把木製的扶手靠椅高一百三十八公分，椅背高五十四公分，扶手被刻成戴著王冠的雙翼神蛇形象，上面還刻有法老的銘記；椅腿上部是用黃金製作的獅頭，椅子下部是獅子的身體，獅爪平穩著地；椅背前後都包有黃金薄板，並用彩色玻璃和寶石鑲嵌；椅背上的浮雕，是法老一家在皇宮一處遊玩的場景。

寶庫存放有眾多的裝飾品、符咒及一切國王政權的象徵品。寶庫的東南角櫃子裡，存放著七座法老立像，高七十五公分，均由木頭雕刻而成，外面包有一層黃金，細節處則以黑漆點綴。

整個墓室的關鍵是棺槨室，棺槨共七層，首先是幾乎塞滿整個房間的四層木製聖櫃，高兩公尺、寬一點二五公尺、長一點五三五公尺，是用來存放法老內臟。聖櫃全身塗有黃金，四面鑲著藍釉飾板，上面還刻有各種旨在保護法老的宗教象徵圖景，櫃外部分別站著面向櫃子的保護女神。外槨內是整塊黃色石英岩雕成的內槨，長二點七五公尺，寬一點五公尺，高一點五公尺。內槨的蓋是由重達一點二五噸的玫瑰色花崗岩製成的。

龐大的石棺蓋下還有三重棺材，最外層是貼金木棺，棺蓋上是國王的金像。金像的頭、雙手都被鑄成立體，身體採用的是浮雕手法。法老雙手交叉，放在胸前，手裡握有藍釉鑲嵌的曲杖以及連枷，象徵王權。像的臉部是用純金鑄成的，眼睛由水晶做成，眉毛、眼由是透明藍玉做成，另外在前額上嵌有眼鏡蛇和兀鷹，它們是上埃及和下埃及的圖徽。眼鏡蛇與禿鷹上都套有一個小小的矢車菊花圈，是棺槨將封時，年輕的王后悲痛地獻給亡夫的。

第二層棺亦是貼金的木棺，棺蓋上的法老金像著禮服，全身都是按冥王歐西里斯神式製作的華麗裝飾。

最內層棺更是驚人的豪華，是用整塊的純金片打製而成，長寬厚分別是一點八七五公尺、零點五一三公尺、零點零三公尺，重達一百三十四點三公斤。裝飾之豪華、工藝之精湛是古代黃金工藝品罕見之作。棺蓋下面就是圖坦卡門法老，盛裝長眠，屍體由黃金、珠寶層層包裹起來，黃金面具高、寬分別約五十四公分、三十九公分，表面的守護女神用線刻表現出來。黃金面具反映的是古埃及人「靈魂依附軀殼可永生不死」的觀念，希望死者生前容顏能夠真實再現，使死者能在冥界中長存。

法老的詛咒

無疑，圖坦卡門陵墓的發現是二十世紀最令人激動的考古大發現之一，在引起巨大轟動後，「法老的詛咒」的話題也隨之被提起。這樣讓人驚悚的話題，以及那些保存豐富、完好的陪葬品，還有傳說中撲朔迷離的謀殺案……這些成為讓圖坦卡門廣為人知的重要因素。

一九二二年十一月，卡特的挖掘工作到了陵墓的前廳，在兩座高大的雕像背後，懸著一塊陶土銘牌，上面有古埃及象形文字寫的警告：「我是圖坦卡門國王的護衛者，我用沙漠之火驅逐盜墓賊。」

一九二三年二月，圖坦卡門的槨室被開啟後，在槨室的上方，人們又發現了另一塊銘牌，上面寫著：「誰擾亂了法老的安眠，死神將張開翅膀降臨他的頭上。」

此後的清理發掘中，人們疑案發現過兩條警告人們不要開掘這座陵墓的詛咒，可卡特毫不在意。

可就在開啟圖坦卡門槨室的當天，一隻蚊子在卡特的臉上叮了一口，不久被蚊蟲叮咬的地方開始紅腫、發痛；一天後，卡特氣絕身亡。

接下來，神祕的死亡事件便接連不斷：先是曾參與推倒陵墓中主牆的莫瑟先生因自律神經失調死去，再是開羅博物館的館長梅赫來、美國富翁約瑟夫．伍爾夫、X射線專家道格拉斯．里德、替圖坦卡門法老木乃伊拍照的那位記者及助手麥克．皮切爾都相繼死亡，甚至皮切爾的父親也突

然跳樓自殺，為他送葬的汽車還壓死了一個八歲的兒童……短短的三年零三個月，與發掘圖坦卡門陵墓有關係的人許多都神祕地死去。

難道真有所謂的法老咒語？如果真的存在，那麼法老的詛咒究竟是不是一種魔法的力量呢？神祕的故事勾起了人們無盡的好奇，同時也引來了眾多學者專家的注意，他們紛紛開始研究「法老的詛咒」之謎，並提出了一系列解釋。

一種說法認為，所謂「法老的詛咒」其實與墓室內的毒氣有關。在一些法老陵墓中，科學家曾發現過一種能存活千年的令人致命真菌。而且古埃及人本就善於調製毒藥。因此有人認為受害者可能是中了某種不為人知的毒氣而死的。當然屍毒已被證實確實存在，也被列為「殺手」之一。所以現在考古隊員們最初進入墓室時，都會穿戴防護服，戴著面罩、手套等。

另一些專家發現，許多法老陵墓，包括金字塔的一部分，都是由帶有放射性的石材砌成的。也許古埃及人早已發現放射性物質的作用，法老死後就用它來保護陵墓，也有可能，那些純度較高的、含鈾的礦石也是無意中被用來做建築墓室材料的，恰是這個，使得入墓者的死亡。

此外，還有專家分析說，心理壓力也可能是導致悲劇發生的重要因素之一。長長的黑暗墓道令人窒息的，加上神祕傳說已經先入為主，更加深了入墓這的畏懼心理。心理壓力不的堪重負往往會導致意志薄弱者患病，甚至死亡。

也就是說許多所謂遭到「詛咒」的受害者，或許是正常死亡或因為意外事故，只是因為太多巧合，才使得詛咒靈驗。

總之，關於圖坦卡門的種種未知，也許還將籠罩在神祕之中。可以肯定的是圖坦卡門的名字會與他的故事一起流傳。他短暫的一生、他神奇的陵墓、他的詛咒……使他成為埃及法老中最著名的一位。

延伸閱讀——帝王谷

在埃及，除了金字塔蜚聲世界外，還有一處地方令人嚮往——「帝王谷」。

古代埃及都城底比斯在一大片沙漠地帶，這片沙漠在開羅以南七百公里、尼羅河西岸岸邊七公里的與路克索等現代城市隔河相望的地方。帝王谷就坐落在石灰岩峽谷中，離底比斯遺址不遠，荒無人煙，斷崖底下，就是古埃及新王國時期（西元前一五七〇年至西元前一〇九〇年）安葬法老的地方。

這裡是一片雄偉的墓葬群，共有帝王陵墓六十多座，埃及從第十七王朝到第二十王朝期的六十四位法老都埋葬在這裡：圖特摩斯三世、阿蒙霍特普二世、塞提一世（Seti I）、拉美西斯二世（Ramesses II），他們都是著名的法老，而第十九王朝的塞提一世，陵墓是其中最大的一座。內部從入口到最後墓室的水平距離達兩百一十公尺，垂直下降的距離達四十五公尺，那那裡巨大的岩石

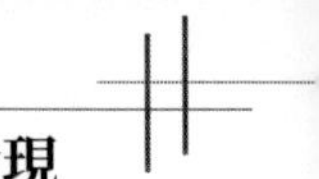

洞被挖成地了下宮殿，牆壁、天花板上都布滿了壁畫，裝飾華麗的程度令人吃驚。墓穴的入口往往都是開鑿在半山腰上，還建一些細小的通道，通向墓穴的深處，到現在，在通道兩壁的圖案、象形文字仍舊非常清晰。

亞歷山卓

亞歷山卓又稱亞歷山大港，是埃及在地中海岸的一個港口，同時也是亞歷山大時代最重要的海港，第二大城市是亞歷山卓省的省會。

古城輝煌的過去

亞歷山卓由亞歷山大大帝建立，建立的具體時間還有爭議，大約於西元前三三四年。亞歷山大在此建城的目的，是想在埃及建立一個希臘人的中心，作為希臘與富饒的尼羅河谷之間的聯繫紐帶。當時在埃及只有一個亞歷山卓有條件建立這樣一座城市，因為它位於法老王島的後面，又不受尼羅河口淤泥的阻礙。

亞歷山大在該港建立幾個月後，就離開了埃及，繼續東征，然而他再也沒能回到這裡。他的將軍，也就是後來的托勒密一世（Ptolemy I），把他的屍體引渡回亞歷山卓，並把他安葬在這裡。從此，亞歷山大墓就成了古代旅遊者的朝聖地。在亞歷山大走之後，總督克里昂米尼（Cleomenes）

繼續建造城市，而考古證明，城市主要由他完成。

亞歷山卓建成後，取代已經被摧毀的城市泰爾（Tyre），成了歐洲與阿拉伯、印度貿易的中心。一百年之後，它的規模擴大到已超過迦太基，之後的數世紀中，它也僅次於羅馬。

亞歷山卓不僅是一個古希臘文化的中心，還是當時世界上最大的猶太人城市。托勒密即位後，開始維護城市的發展，並使得其大學成為希臘最好的大學。但同時，這些統治者也將居民分為希臘人、猶太人和埃及人，城市內各個民族之間的矛盾從托勒密四世起就不斷加劇。

西元前八〇年，按托勒密十世的意願，亞歷山卓正式授予羅馬管理。其實在這之前的一百多年中，它就已經受羅馬的影響。西元前四七年，凱撒與克麗奧佩脫拉七世在亞歷山卓相會；後來馬可．安東尼也在此與克麗奧佩脫拉相會，屋大維則在亞歷山卓設立了一個皇家總督。

亞歷山卓又恢復了過去的繁茂，控制著羅馬帝國一座最重要的糧倉，正因如此，屋大維將它列進皇帝直接管理的城市。羅馬皇帝卡拉卡拉（Caracalla）在西元二一五年訪問這座城市，市民的一些諷刺行為激怒了他，他下令處死了所有能佩戴武器的少年，釀成了一場大屠殺。

而當地人在尼羅河谷的影響越來越強時，亞歷山卓也逐漸脫離了它與埃及本土的關係；三世紀，帝國內部的和平開始破裂時，亞歷山卓的人口劇降，繁華不再。

西元三三五年，亞歷山卓在一次地震和潮汐中傾覆了。直到十九世紀早期，埃及與蘇丹的穆罕默德．阿里王朝，才在原城遺址上著手重建亞歷山卓。而優惠的貿易政策，特別是棉花，也吸引了大批外國人。到了一九五〇年代，亞歷山卓才又進入了一個黃金時代。

對古城的不斷發掘

亞歷山卓的曾經輝煌，也吸引了眾多考古學家探尋的腳步，而希臘人更是對這座城市的歷史非常驕傲。

實際上，早在一八九五年，就有考古學家發掘亞歷山卓；一八九八年到一八九九年，德國人再次發掘，發現了許多當時位於市內的古街遺址，而這些遺址保存得都還很完好。

一九九〇年代晚期，以歐洲海洋考古學院主席法蘭克．戈迪奧（Franck Goddio）為首的一支小分隊，又帶著一批先進的考古學設備來此開展發掘工作。他們首先發現了一批非常可觀的遺物和遺跡：王室的所在地，亞歷山卓最壯觀的部分，大型建築物的基部、樓梯、基架、雕像的基座。其中，碼頭上的巨石還刻有埃及和古希臘象形文字的碑銘。這些遺物上都鋪滿了泥垢和海底產物，有些甚至被埋在沙子裡。

二〇〇〇年，在亞歷山卓以東海域、距岸邊四公里的海底古城美諾西斯（Menouthis）中，法國學者率領的埃及－法國聯合考古隊發現了亞歷山大陵墓。有學者稱，亞歷山大陵墓的發現，是迄今為止有關亞歷山卓歷史研究中最有價值的發現。

除此之外，最重要的發現應該是「龐貝柱」（Pompey's Pillar）附近的發現。在那裡，一座大建築或建築群的遺址被發現，它們可能是阿匹斯神殿（Apis Temple）的一部分；地下墓地被挖開，它可能也是神殿的附屬，其中還有繪刻得非常奇妙的浮雕。

這些考古發現物，現在都被存放在了博物館，而其中最引人注目的，就屬一頭火成岩雕成的牛了，它可能是阿匹斯神殿的物件，城市的其它地方也發現了地下墓室和墳墓。此外，不時地還會有當地的盜墓者、鑿井者、建造者，他們也會遇到有價值的古物，而這些珍品往往以走私的途徑進入私人收藏室。

不過，要想發掘出全部原有的亞歷山卓恐怕不太可能，因為古時的亞歷山卓經歷了多次地震，其中比較嚴重的就有四次，每次地震都幾乎使城市下陷，所以古代的亞歷山卓已經陷於地下，而現有的亞歷山卓，大部分是在古城的基礎上建造起來的，亞歷山卓的低窪處則因地表下沉而被淹沒了。

現今的亞歷山卓

能夠保留到今天的古城遺跡很少，因為地震會造成地面降低，大部分王宮以及住宅區下沉到了今天的港口內，其它遺跡也被現在的建築所覆蓋。龐貝柱是遺留下來最著名的遺跡，它本來立在亞歷山大的祭祀廟中，現在這裡是一座阿拉伯墓地附近的小丘。它高三十公尺，柱子是由磨光的紅花崗岩組成，基部的直徑約有三公尺，頂部約有二點五公尺。但它與龐貝毫無關係，而是西元二九三年，由羅馬皇帝戴克里先（Diocletian）樹立；祭祀廟下的是阿匹斯神殿的遺跡，雕刻的牆內的小空間，可能是古代圖書館的貯藏室。

龐貝柱旁邊是亞歷山大圖書館，亞歷山大圖書館建於西元前三世紀，是世界上最大、最古老的圖書館之一。它曾存在了近八百年，藏書之多、對人類文明貢獻之大，是古代其他圖書館無法比擬的。然而，這座舉世聞名的古代文化中心，卻在三世紀末被戰火全部吞沒。

古城保存良好的羅馬劇場，是亞歷山卓最大的發掘區。羅馬劇場興建於二世紀，共有十四排白色大理石的座位，大約能容納八百名觀眾。這裡曾是一個室內的劇場，但現在只殘存下幾根柱子，不過還能看見表演場地過道上的馬賽克地板，如今還經常會上演取材於埃及或希臘傳說的歌劇。

亞歷山卓的東部，是埃及末代國王法魯克（Farouk）的行宮——蒙塔札王宮（Montaza），又叫夏宮。它坐落在一個很大的風景區中，占地一點五五平方公里。蒙塔札王宮的外形很像的教堂建築，一角高聳，約八層樓高，其他部分為三層建築。宮內的陳設很豪華，國王以及后妃們都各自有奢華的臥室。浴室裡除富麗堂皇的澡盆、床、躺椅，還有出自土耳其的發光的蒸氣浴設備。樓上的陳列室擺著各種禮物，也有用名貴寶石鑲成的鏡框、值數萬埃及鎊的胸章、華貴的玩具、化妝品等等。

亞歷山卓的塞拉潘（Serapeum），是托勒密時期希臘——埃及神塞拉皮斯（Serapis）最重要的神殿。當時這裡是當地埃及人聚集居住的地方，也是現在亞歷山卓中最有古代埃及風格的地區。

它最初建於托勒密三世在位時期，現在這裡能看到的遺跡只有龐貝柱了。

位於亞歷山卓口入口處的亞歷山大燈塔，則是亞歷山卓最著名的建築，約建於西元前三百年。它是世界上第一座燈塔，也是當時世界上最高的建築之一。

相關連結——亞歷山大燈塔

世界公認的古代七大奇觀在埃及的有兩個：一個是名列首位的吉薩金字塔，另一個是名列第七位的亞歷山大燈塔（也叫法洛斯燈塔）。

亞歷山大燈塔的遺址是在亞歷山卓邊的法洛斯島。馬其頓國王亞歷山大大帝不可一世，西元前三三〇年他攻占了埃及，還在尼羅河三角洲西北端建立了一座城市，並是以他名字來命名的。這座城戰略地位十分重要，之後的一百年間，它不僅是埃及的首都，也是世界上最繁華的城市之一，還是整個地中海地區與中東地區最大、最重要的國際轉運港。

西元前二八〇年的秋天，一個月黑風高之夜，一艘埃及皇家的喜船駛入亞歷山卓時觸礁沉沒，船裡的皇親國戚連同從歐洲娶來的新娘全部遇難，這一悲劇震驚了埃及。於是，埃及國王托勒密二世發出命令，在港口的入口處修建燈塔。四十年的努力沒有白費，一座雄偉壯觀的燈塔，也就是亞歷山大燈塔，立在了法洛斯島的東端。

亞歷山大燈塔高一百二十公尺，加上十五公尺的塔基，整個高度達一百三十五公尺。塔樓由三層組成：第一層是方形結構，高六十公尺，裡面有三百多個大小不等的房間，當作燃料庫、機房、工作人員的寢室；第二層是高達十五公尺的八角形結構，；第三層是圓形結構，上面八公尺高的八根石柱，圍繞在圓頂燈樓。燈樓的上面，矗立著太陽神赫利俄斯（Helios）站立的青銅雕像，有八公尺高。

亞歷山大燈塔是由花崗岩、銅等材料製成，燈所用的燃料是橄欖油、木材。設計師採用反光的原理，將燈光用鏡子反射到了更遠的海面上，從此這座無與倫比的燈塔每夜都點亮，是入港船隻最好的導航。

亞歷山卓在十四世紀發生過很嚴重的大地震，亞歷山卓的王冠隨之消失了。從此，人們只知有法洛斯燈塔的名字，卻不知到它坐落哪裡，更不知道它的形狀。現在，矗立在燈塔地基上的燈塔只有燈塔的五分之一，是馬木路克王朝（Mamalik）——北蘇丹建立的中古碉堡，四周盡是上古石塊堆砌的中古城牆。

大辛巴威遺址

位於辛巴威的馬斯文戈省（Masvingo）的大辛巴威遺址，距離首都哈拉雷有兩百五十公里。它見證了南部非洲曾有過的黑人文明，是著名的非洲古文化遺址，又是撒哈拉沙漠以南非洲規模最大、保存最完好的石頭城群體。

「辛巴威」源自班圖語，意思是「石屋」、「受敬仰的石頭城」。它及其周邊一共有規模不同的石頭城兩百多座，當地人以石頭城為豪。在國名、國旗、國徽、硬幣上，石頭城都被看作這個國家、民族的象徵。

探祕石頭城

大辛巴威遺址的一面是波平如鏡的穆蒂里奎湖（Lake Mutirikwe），其它三面都環山。整個遺址範圍，主要包括山頂的石岩和山麓的石頭大圓圈及其東面的一片廢墟。經考證，得知這座石頭城約建於西元六〇〇年，是一處馬卡蘭加古國的遺址。古城分為外城、內城，外城在山上，城牆高、厚長分別是十公尺、五公尺、兩百四十公尺，由花崗岩砌成；內城在山坡谷地內，橢圓形，裡面有錐形高塔、神殿、宮殿……由石塊砌築的。入口、甬道、平臺等也都是在花崗岩巨石上就地開鑿的。

有關大辛巴威遺址奇觀的傳說，大約是中世紀透過阿拉伯商人傳到歐洲；然而，阿拉伯人在傳播時卻把辛巴威與所羅門王的名字連在一起。如此一來，當歐洲人發現這個廢墟時，就誤認為這是所羅門王的藏寶之地。

一八七一年，來此探險的德國地理學家卡爾．毛奇（Karl Mauch）發現了大辛巴威，並把這個奇蹟公之於世。毛奇還進入城內進行了一番考察，認為石頭城的最初建造者們生活富裕、勢力強大。但是究竟是什麼人、在什麼年代，以及為什麼要建造這麼龐大的石頭城呢？毛奇沒有找到任何線索，但他認為石頭城的建造者肯定不是非洲人，更不可能是當地卡蘭加人的祖先。雖然毛奇很難為自己的這種說法提供證據，但他的發現卻激發了世界各地的不少學者、探險者的興趣，於是他們開始陸續前往大辛巴威考察。

經科考發現：大辛巴威遺跡是一個大面積的複合體，有防禦工程、塔狀建築和排水系統等，共有三組建築：第一組是一系列如堡壘般的城牆，內部設有複雜的通道、石級和走廊，這組建築現在一般稱為衛城；第二組是一處橢圓形的、稱為神殿的花崗岩圍牆，在衛城下的平地上，至今，仍然完整無缺，這就充分表明當初建造者的藝術才幹、建築水準，圍牆的東北、北、南分別有一個進出口，圍牆約高六公尺，東面城約高九公尺；第三組位於圍牆和神殿的中間，其中包括了好多小房屋。

在遺址旁，還留有古代的梯田、水渠、水井……在遺址的地基上，考古人員還找到了古代鑄造錢幣的泥模。發掘到的文物表明大辛巴威遺址曾經是一座非常繁榮的城市：農業、冶煉業、對外貿易等都很發達，還曾經和中國、阿拉伯、波斯等很多國家有經濟、文化交往。但後來不知為何，居民被迫遷移，城市就廢棄了。

遺址中最珍貴的文物是辛巴威鳥（Zimbabwe Bird），鳥用淡綠色的滑石雕刻而成，身如鷹，頭似鴿，脖高仰，翅緊貼身，約長零點五公分，它雄踞在一公尺高的石柱頂端。這種石雕鳥是古代南非人創造的傑作，它是莫諾莫塔帕王國（Mwene Matapa）的標誌。如今，這種滑石鳥的形象被畫在國旗和國徽上，成為辛巴威的國寶，也是辛巴威國家和民族的象徵。

大辛巴威文化的歸屬

一八九〇年代初，羅得斯考古隊、不列顛科學協會共同聘請了研究遠古時期文明的專家詹姆斯．狄奧多爾．本特（James Theodore Bent），對大辛巴威遺址進行研究。一開始，本特認為辛巴威是純粹的非洲文化，而且並不古老；但當他挖到四隻用滑石雕刻在高大柱子上的大鳥時，他開始轉變觀點了。

在本特看來，這些藝術珍品似乎與古代地中海文明——亞述、希臘、克里特、腓尼基等古國是相一致的，而絕不會是非洲的！考古學家理查．N．霍爾（Richard N. Hall）也認為，辛巴威是由從阿拉伯或近東來的北方人所建造。當時的歐洲人比較容易相信辛巴威不是非洲本地文化的觀點，因為歐洲人把當時的非洲看成是原始、尚未開化的民族。多數歐洲人以為撒哈拉沙漠以南的非洲人住在原始的泥土茅屋，因此，他們根本無法接受非洲文明具有這麼高度的組織性和創造性，所以編造種種令人迷惑的神奇說法，用以解釋這些廢墟遺跡的存在。比如：大辛巴威並非腓尼基人所建，而是由埃及的流放者所建；或由從北非來的阿拉伯人所建；或由《聖經》中提到的流失的以色列部落所建；或由海難中的北歐海盜所建等等。

但一些明智的科學家還是提出了異議。一九〇五年，一位名叫大衛．蘭德爾．麥西弗（David Randall-MacIver）的著名考古學家仔細考察了這片遺址，然後鄭重宣布：「大辛巴威毫無疑問在每一個細節上都屬於非洲。」但不列顛科學協會不願意接受這個定論，特意派了另一位考古學家前去考察。這位資深的考古學家又進行了極其徹底的分析，然後在一九二九年宣布大衛的結論是正確的——該遺址屬於非洲文明。

十年後，羅德西亞獨立，自豪地取名辛巴威，成為了世界上第一個用考古遺址命名的國家，是「望族」的意思。今天幾乎所有考古學家、學者都相信大辛巴威是現代巴紹那人的祖先所建。考古學家發現大辛巴威是非洲國家的中心，曾經支配辛巴威高原，這是一片富饒的丘陵地帶——北有尚比西河，南有林波波河。辛巴威高原的西面是一片起伏的平原，東面是一片低窪的平原，成了辛巴威高原和印度洋的分界線。

早期的巴紹那人發現，辛巴威高原是個適合居住的地方。於是，人們在這裡發展經濟，並逐漸與外部世界貿易。該地區盛產銅、鐵、錫、黃金等，黃金很快成了這片高原的主要出口物。西元九世紀，貿易已成體系，從辛巴威的東邊，黃金流到非洲和阿拉伯商人的手裡；這些商人拿黃金換世界其它地區的產品，再往西運到非洲內地。考古學家在大辛巴威發現了中國陶瓷器物、東非基爾瓦港口古幣、伊朗地毯、印度珍珠。辛巴威高原人以放牧為生，黃金貿易給他們帶來了財富。

十一世紀時，國王與貴族階層出現了，上流社會的人採納在山頂建房的習俗，地位低的人就居住在較低的山坡上或是低谷裡。富裕的貴族也開始用石牆圍繞住宅區，這並非是為了保護自己，而是為了標誌貴族和普通百姓間一定要存在距離。因為辛巴威高原有很多裸露在地面的花崗岩，所以建造圍牆用的石頭就隨處可見了。

那時巴紹那人還發明了一種非常適合於使用花崗岩片的建築藝術——用一層層的石片砌成厚厚的牆，石片平展，中間不需要灰泥黏合就十分牢固。考古人員已找到證據說明，大辛巴威第一次有長期居民的時間，大概是西元十世紀或十一世紀。大辛巴威約在一二五〇年達到它的鼎盛期，在後來的兩百年中，它在辛巴威高原上，依舊占據著重要地位，今天還矗立的大型石藝建築群，就是那時修建的。一九七〇年代搜集的證據，揭示曾有多達一萬八千人居住在大辛巴威的山頂上。

大辛巴威約一四五〇年開始衰敗。這可能是因為與敵國的戰爭；也可能是因為人口成長，造成食物、燃料短缺和牧地匱乏。葡萄牙人在十六世紀開始在沿海港口作鄄購貿易，黃金貿易受挫，大辛巴威的地位也就每況愈下，巴紹那政權中心也遷到了別的地方。幾百年裡，在歐洲人、沿海地區的史瓦希利人及非洲內地的巴紹那和其它地區間的衝突使得西南非洲逐漸衰敗，人們也就將大辛巴威遺忘了。

「大辛巴威是否屬於非洲文化」的課題獲得了突破性解決，今天的考古學家們希望透過對該遺

址的研究，向世人展現南部非洲鮮為人知卻又燦爛輝煌的曾經。

新知博覽——傑內古城

傑內古城（Djenn）被世人稱為「尼日河谷的寶石」，它位於尼日河和巴尼河的交匯處，憑藉獨特的撒哈拉—蘇丹建築風格著稱於世。

西元前二世紀，傑內古城始建立，西元前三世紀的石器、鐵器及手鐲等裝飾品在這裡出土，可能是撒哈拉以南非洲最古老的城市。

傑內在十四~十六世紀末被摩洛哥軍征服前，是西非最美麗的商業城。清真寺尤其值得誇耀，它在古城中央，高十一公尺、周長五十六公尺，以椰樹木為骨架，用黏土建造，造型很奇特。寺院占地六千三百七十五平方公尺，建築面積達三千零二十五平方公尺。祈禱大廳的屋頂用一百根粗大的四方體泥柱支撐著，屋頂上開有一百零四個、直徑十公分的孔。寺門很又寬闊、又高大，主牆是三座塔樓組成的，五根泥柱在塔樓之間相連。在非洲建築史上，清真寺被看作一大傑作，也是西非伊斯蘭教的象徵，但唯有伊斯蘭教徒才能進入。

有著經商傳統的傑內人，用船從南撒哈拉地區運回來黃金、象牙、奴隸等，再轉賣到南撒哈拉地區，還將從北、中非洲運來的岩鹽、菸草、衣服、皮革製品等等轉售到南撒哈拉地區去。傑內的富商們在城內居住，仍舊保持著特有的生活習慣、服飾和自己的烹飪方式。

十四世紀，傑內古城達到了經濟的鼎盛期，黃金帝國馬里的名聲甚至傳到歐洲。傑內城的中央廣場將由城分為東西兩部分。東部有河港，建築物較多，商業活動較頻繁；西部則是手工業區。古城的民居也很有特色，遠遠望去，就像一塊切削很整齊的大泥塊。院的牆是用泥沙塗抹的，院的中央是一塊公共場院。整座院子，僅一個出口，木製的大門上有粗大的鐵釘作裝飾。現在馬里北部的建築物，依舊保持著傑內的古建築傳統。

法老寵妃的最終歸宿

妮菲塔莉（Nefertari）是法老拉美西斯二世的妻子。傳說中，拉美西斯二世有諸多妻子，但是他最寵愛的就是妮菲塔莉。在妮菲塔莉死後，悲痛欲絕的法老為愛人修建了一座王后谷中最壯觀的墳墓。然而遺憾的是，她的木乃伊和眾多陪葬寶物都被盜墓賊所毀，不過在墓壁上還是保留了大部分的壁畫，這些壁畫也形象地反映了埃及人相信的死後能再生的觀念。

美麗王后的神奇一生

妮菲塔莉被稱為世界上「最美麗的女人」，在拉美西斯二世放蕩不羈的一生當中，她是唯一一個得到了他永遠愛戀的女人。在拉美西斯二世建造的偉大建築物當中，處處都可見到這位美麗女子的身影。

很多人認為，拉美西斯二世娶妮菲塔莉為妻，目的是能更鞏固他的王位，因為拉美西斯家族並非正統的底比斯王族後裔，他們是來自三角洲地區的統治者；而妮菲塔莉可能恰好是底比斯王族的後裔，因此他們的結合，也可能讓拉美西斯二世擁有了正統的王族血統。但從現有資料來看，妮菲塔莉也可能並非王族的成員，因為她的名字中沒未出現過像「國王的女兒」這樣的稱呼。但也有可能妮菲塔莉是底比斯王族某個側妃的女兒，因此名字裡才沒有王族的記號。

不管是什麼促使拉美西斯二世娶妮菲塔莉，他們的婚姻還是幸福的。在拉美西斯繼位前，約十五歲的妮菲塔莉就和他結婚，還為他生育了第一位王子。之後，她又為拉美西斯生了至少三個兒子、兩個女兒。壁畫顯示告訴我們，妮菲塔莉有許多稱呼：如「最受寵愛的人」、「擁有魅力、甜蜜和愛的人」、「上下埃及的女主人」、「法老正妻」以及「受姆特（Mut）眷顧者」等。拉美西斯曾經為妮菲塔莉寫下過這樣的評價：「陽光是為她而照」、「我對她的愛是獨一無二的……她是所有人中最美麗的，無人能與她匹敵。我從她身邊經過時，她就已經偷走了我的心。」

事實上，不僅拉美西斯一人被妮菲塔莉所傾倒，皇宮裡的其他人也被她的魅力征服了。有人這樣描述過她：「與她有關的任何事，都讓人感到愉悅；她想要的什麼美好的事物，都會有人馬上為她送到；她說的每一個字，聽起來都非常悅耳。」她脫俗的美麗，讓她在活著的時侯就被認為是神祇。在當時，她的高貴魅力加上法老給予的寵愛，使擁有她無上的權利。

遺憾的是，至今人們對妮菲塔莉王后的實際生活情況知之甚少。只知道最初的三年裡，妮菲塔莉在所有場合都是很重要的角色；但後來的十八年裡，除了一封她寫給海地王后、有關結束兩國紛爭的談判信外，關於她的其它記述很少。或許妮菲塔莉在這十八年裡，也像其他王后一樣，就只是國王的附屬而已；或者有關她的紀錄已經遺失了。

古埃及的統治者都希望自己能擁有多個妻子，拉美西斯二世也一樣。從他的後宮紀錄中可知：雖然不知道他是什麼時候娶了伊塞諾夫特（Isetnofret），但一定是在他與妮菲塔莉結婚後不久的事。伊塞諾夫特為拉美西斯生了第二個兒子和第一個女兒。在拉美西斯二世統治的第二十四年至第三十年之間，妮菲塔莉去世，之後后位就為伊塞諾夫特所有了。

根據傳統，妮菲塔莉死後也被奉為女神，拉美西斯二世為她修建了一座宏偉的石窟廟，以得到人們的景仰。

妮菲塔莉為她的丈夫生了十個孩子，可惜十個人中沒有一個人能比父親長壽，所以也沒能成為新法老。

王后的安眠之地

一九〇四年，義大利考古學家斯基亞帕雷利（Ernesto Schiaparelli）發現了妮菲塔莉的陵墓，

然而墓內已經空空如也，王后的木乃伊和大量的隨葬品也已被盜墓賊洗劫一空，但還有大量壁畫，內容也相當豐富，從中可以想像出當時皇宮中生機盎然、繁花似錦的生活。這些壁畫也是這座精美絕倫的陵墓留給後人的唯一財富，也是古埃及文明史上的無價之寶。

墓室位於地下四十公尺處，由於這種深度的灰石材質疏鬆，為藝術家們提供平滑的牆面。古埃及的工匠們會先在上面塗一層泥灰，而幾千年過去了，這些泥灰都開始脫落了，牆壁上的壁畫也逐漸掉落了。為了保護這些文物，斯基亞帕雷利專門建立了一份檔案，保存了一位牧師為古墓裡外拍攝的照片，以及一百多塊玻璃平板底片。

經過長時間修復，如今墓室內的壁畫已經煥然一新，人們在看到這些精美壁畫的同時，也彷彿看到美麗王后優美的身姿和身上輕輕飄動的薄紗。

如今，披著豹皮的荷魯斯（Horus）和帶有橫條柱子的圓柱，依然環繞在妮菲塔莉的粉紅色的花崗岩棺旁邊，而芳華絕代的妮菲塔莉卻永遠也無法看到這一切了。

相關連結——拉美西斯二世

拉美西斯二世，是法老塞提一世的兒子，西元前一三一四年出生，西元前一二三七年去世，是古埃及第十九王朝法老，在西元前一三〇四年至西元前一二三七年在位，在他執政時期，埃及新王國處在最後的強盛年代。

拉美西斯二世在位期間，進行過一系列遠征，目的在於恢復埃及對巴勒斯坦的統治。在敘利亞，他與同時代的另一強大帝國——西臺發生了過利益衝突。在西元前一二八六年，雙方進行了一次著名的戰役——卡迭石戰役（Battle of Kadesh）。在戰鬥中，拉美西斯二世處於下風，但他卻說這是一次偉大的勝利。戰爭一直進行到西元前一二七〇年，最終，拉美西斯二世與西臺國王哈圖西里三世（Hattusili III）締結條約而告終。可以說，這份合約是歷史上第一個著名的國際協定，埃及檔案和西臺檔案也都被保存下來。可能擔心對西臺軍事力量，拉美西斯二世下令，在東北尼羅河三角洲新建一座城市作為首都，命名為培爾—拉美西斯（Pi-Ramesses，意即拉美西斯之家）。

獨石教堂的發現

獨石教堂是衣索比亞著名的宗教建築群，位於首都阿的斯阿貝巴以北三百多公里的拉利貝拉叢林，又被稱為「拉利貝拉岩石教堂」。

十二至十三世紀時，拉利貝拉國王崇信宗教，便下令在當地岩石層中修築教堂。從此，五千多名工匠在建築大師錫迪的率領下，花費了近三十年的時間，在岩石層開鑿出十二座獨石教堂。

一八七四年，獨石教堂遺址被發現，並被冠以「非洲奇蹟」，聯合國教科文組織已將其列為世界文化遺產之一。

歷史上的拉利貝拉王國

衣索比亞位於非洲的東北部，國內高原較多，其高原面積占全國總面積的三分之二，平均高度為兩千五百公尺～三千公尺。這裡地勢險要，山巒疊嶂，綿延起伏。因此，衣索比亞素有「非洲屋脊」之稱。

衣索比亞是非洲的文明古國之一，具有三千多年的悠久歷史。大約西元前一千年左右，這裡就已經出現了國家。到了西元十三世紀，這裡建立了封建王國阿比尼西亞，後來被改稱為衣索比亞，意即「被太陽曬黑面孔的人」。

衣索比亞不僅高原風光迷人，多姿多彩的民族風情也著稱於世，而且又以其古老久遠的文化遺跡名聞遐邇。據史料記載，在西元初期建立起來的著名的阿克森姆王國（Aksum），後來因為遭到來自東方波斯人和阿拉伯人的入侵而逐漸衰弱，最終在十世紀末被札格維王朝（Zagwe）取代。一一八一年，札格維王朝的王公拉利貝拉成為國王，並選定埃塞俄比亞北部山區的羅哈為都城，城名後來也改為拉利貝拉。

據說拉利貝拉在呱呱落地時，一群蜂圍著他的襁褓飛來飛去，驅之不去。拉利貝拉的母親認清了那是兒子未來王權的象徵，便替他取名拉利貝拉，意思是「蜂宣告王權」。當時當政的哥哥哈拜有了壞心想毒殺他，被灌了毒藥的拉利貝拉長睡了三天。在夢裡，上帝指引他到耶路撒冷朝聖，並得神諭：「在衣索比亞造一座新的耶路撒冷城，並要求用一整塊岩石建造教堂」。拉利貝拉醒來後，便成為一名虔誠的教徒，崇信宗教。為了顯示其對上帝的虔誠之心，拉利貝拉國王特從全國各地招募了五千多名能工巧匠，在建築大師錫迪帶領下，用了三十年左右的時間，不用任何灰漿或黏合劑，在衣索比亞高原堅硬的岩層中鑿刻出一座又一座獨石的教堂，總共有十一座，也被稱為「世界十二名勝之一」。

尋找被歷史淹沒的獨石教堂

一九七四年，考古人員開始在衣索比亞首都亞得斯亞貝巴尋找獨石教堂建築。一二二一年，拉利貝拉國王去世，此後在漫長的幾個世紀中，這一地區便逐漸遠離了商業大道，淹沒在荒山野嶺之中。據判斷，古代被稱為羅哈的遺址，應該位於現在的首都南部約三百多公里處。

經過考古人員幾個月的清理和發掘，這顆被歷史塵土和滄桑歲月掩埋達五個世紀之久的璀璨明珠，十一座獨石教堂，終於再度呈現在世人面前，放射出瑰麗奪目的光芒。

十一座教堂全部埋於地下。我們知道，印度的阿蔭陀石窟、柬埔寨的吳哥窟及中國龍門的石窟，都是在峻峭的石壁上鑿刻出了千姿百態、栩栩如生的神像；或在巨大的石窟中雕鏤出精美絕倫的神龕和浮雕。而現在深埋地下約二十公尺的巨大岩石裡，雕刻的卻是一個個顏色、大小、形狀、造型各異的大教堂，這不能不使人震驚！

當人們步入獨石教堂後，眼前這些鏤空透雕的門窗梁柱、走廊通道，內部雕滿了色彩絢麗、各具特色的浮雕飾畫，無不讚歎這世界罕見的奇蹟！

獨石教堂的建築特色

考古專家經過鑒定，認為這座鬼斧神工般的教堂是這樣建成的，獨石教堂的施工大致可以分為三個步驟：先清土，把覆蓋在岩石層面厚積的泥土全部清除；其次是鑿「毛坯」，從岩層上向四周垂直往下開鑿，鑿出一塊塊深達十二～十五公尺的巨大石塊，這就是獨石教堂的「毛坯」；最後是成形，在巨石「毛坯」上外削內鏤，精刻細琢，將整個教堂的內部結構、裝飾，如柱頂走廊、浮雕塑像、裝飾花紋等，都在巨石裡面鑿刻出來，而門窗梁柱則是從裡向外鏤空雕就的。由此，工程之艱巨，施工之複雜，技藝之精巧就可想而知了。

在十一座獨石教堂中，其中規模最大的是梅法哈尼．阿萊姆教堂（Medhane Alem）。「梅法哈尼．阿萊姆」意即「救世主」，因此這座教堂又稱為「救世主教堂」。

這座教堂是由一塊長三十三公尺、寬二十三點七公尺、高十一公尺半的紅色岩石鑿刻而成的。整個教堂通體絳紅色，如同一團燃燒的火焰，又彷彿一輪西下的落日，神聖而莊嚴。教堂內部共有二十八根石柱，屋頂呈碑形。其中，阿克森姆石碑是一種大型的石製紀念物，往往高達幾十公尺，重四百~五百噸，與埃及金字塔同樣聞名於世。除了在衣索比亞外，其他地方是看不到這種石碑的，因此這種石碑也已成為衣索比亞古建築的重要標誌。

教堂中最為精美的是瑪麗亞教堂，在教堂的天花板和拱門上，雕刻著色彩絢麗的紅、黃、綠等顏料繪成的幾何圖形和動物形象，色彩豔麗，形態逼真。

在凱爾教堂裡，考古人員發現了國王拉利貝拉的葬處和國王的一些遺物。

而論造型最奇特的教堂，應該屬於聖喬治教堂了，整個教堂都被鑿刻成十字架形，從上向下俯視，彷彿一個平放在地上的巨大十字架。

伊曼紐爾教堂內部比較有特色，有宛如木柱式的石雕橫梁，紅牆構成了線條分明的幾何圖形。

墨丘利教堂和天使長加百列與拉斐爾教堂為地下教堂，最早用於非宗教目的，後被聖化，它們一度可能是王室住宅。

利巴諾斯教堂則既有獨石教堂的特點，又有地下教堂的特點。它的四邊被一個環繞四周、內部挖空的高高的長廊與山分開，而其頂部卻與高處的岩石塊連為一體。

由於這些獨石教堂是在不同大小和不同顏色的岩石上開鑿的，因此，其顏色和大小也各不相同，建築樣式也都各具特色，無一雷同。但是，所有的教堂又都有古老的阿克森姆式的石碑尖頂、門、窗和象徵性的橫梁。在教堂之間有壕溝、橋梁和岩洞互相接通，這些過道本身又構成了一個個內院。

如今，這些教堂還在繼續使用，到教堂禮拜也已成為當地人們生活的一部分。而做禮拜的人更是多得令人吃驚，通常都是神父帶著一支隊伍伴著歌聲和鼓聲走進教堂的院子，人們五彩繽紛的長袍和儀仗傘，在太陽的映照下形成的一幅色彩斑斕的畫面。

相關連結——獨石教堂的宗教祭典

每當到了要做禮拜的這一天，在拉利貝拉岩石教堂周圍的岩壁上，就會擠滿成千上萬聽祭司說教的人群。因為這一天是岩石教堂的「德姆卡多」祭典。

凡是來參加「德姆卡多」（Timket）祭典的少年們，都必須要盛裝打扮後才能來參加。在少女們的低聲祈祝中，他們雙手捧著神具，跟隨著大人們進入設在廣場上的小木屋裡。人們甚至還會夜宿於此，做虔誠的祈禱。

每當教堂的晨鐘在黎明時分響起時，修道士們就開始對巡禮者說教。先由祭司將祝聖過的聖水分灑給在場的每一個人，在隨後的祭祀活動上，一個被稱為「達玻多」的十誡木板從教堂裡面運出，象徵著摩西從耶穌那裡得到了十誡。在木板的中央，還有一幅聖徒降服巨龍的圖畫。最後，這個十誡木板要被安置在廣場上搭建的小木屋裡。

「德姆卡多」祭典一共要連續舉行三天，是衣索比亞高原上最大的宗教性活動。

撒哈拉沙漠的藝術珍品

在阿拉伯語中，撒哈拉的意思是「大荒漠」。撒哈拉沙漠北起非洲北部的阿特拉斯山脈，南至蘇丹草原帶，寬約一千三百～兩千兩百公里；西臨大西洋邊，東達紅海沿岸，長約四千八百公里，總面積可達七百七十多萬平方公里。撒哈拉沙漠也是世界上面積最大的沙漠，是中國最大沙漠新疆塔克拉瑪干沙漠的二十倍。

撒哈拉的惡劣環境

在撒哈拉這樣廣袤遼闊的大荒漠中，除了極個別的點狀綠洲外，到處都是黃色的沙子，一條條平行排列的沙壟，高達一百多公尺，延伸達數百公里，像金字塔一樣的沙山，高高聳起，還有令人生畏的沙海，縱橫千里，顯示著大沙漠的浩瀚和壯觀。

沙海中還分布著許多形態各異的沙丘，有金字塔形的、拋物線形的，還有一條條平行排列的沙壟，而最常見的就是新月形沙丘。然而在被沙漠的風暴吹過之後，這些沙丘的面貌就會發生很大改變，沙漠中還有許多裸露的岩石被風吹蝕成「城堡」、「石蘑菇」等奇怪的形狀。

撒哈拉沙漠的降水極少，是典型的熱帶乾熱氣候。白天烈日當空，氣溫急升，沙丘溫度高得如火爐般，地表溫度最高可達攝氏七十度；然而一到晚上，溫度驟降，有時竟降到零下十五度。強烈的溫差，也使得裸露在地表的岩石每天都劇烈地熱脹冷縮，因此每到夜晚，到處都能聽到岩石爆裂的聲音。而沙丘和沙山也會因為劇烈的脹縮，促使大堆的沙礫墜落下滑，使整個沙丘像山崩一樣從高處轟然滾落，接著又激起一連串的連鎖反響，使悶雷般的轟鳴此起彼伏。

西元前兩千年以後，撒哈拉的河流和湖泊都在逐漸變小，留下了許多布滿礫石的河床，氣候越來越乾燥，沙漠化程度也越來越嚴重，日積月累地風化過程，沖刷著綿延於沙漠中部達七百多公里、雄偉奇特的塔西利．恩．阿傑爾高原（Tassili-n-Ajjer）。久而久之，大自然的鬼斧神工就將整座大山割裂，風化得千姿百態，怪石嶙峋。此外，阿傑爾高原中還有存活著數千年的海魚和巨柏，可謂豐富多彩，絢麗迷人的史前岩畫。這些大漠中的「藝術珍品」正是一部向世人展現這一地區沙漠化歷程的生動畫卷，具有很高的科學研究和藝術審美價值。

考古發現沙漠之中的「珍品」

一九二四年，一支考察隊在阿傑爾高原的一個山洞中發現了一條大鱷魚。此外，在另外一些半乾涸的岩洞中，還發現了地中海鮰魚。由於沙漠地帶的氣候異常乾燥，為了適應這裡嚴酷的自然環境和生存條件，地中海鮰魚這一本來就與世隔絕的稀有魚種，也在漫長的是時間裡逐漸改變了自己的生活習性，形成了獨特的性狀，成為「撒哈拉鮰魚」，這也充分體現了適者生存和自然規律。

此外，考古學者在阿傑爾高原的南坡，還發現了成片生長的的巨柏。它們頂風抗旱，生長得粗壯挺拔，根深葉茂，其中有些巨柏樹圍達六公尺以上。這些鱷魚、鮰魚和巨柏「活化石」有力地向世人證明：這一地區在幾千年以前曾有過與今日地中海沿岸極為相似的氣候條件和地理環境。

然而最令人感興趣的，還是遺留在塔西利．恩．阿傑爾高原石壁上數千幅生動逼真、栩栩如生的史前岩畫。西元一九三四年，法國一支遠征隊到撒哈拉沙漠。這天，他們來到了阿爾及利亞東南部的塔西利，一天的跋涉使隊員們困乏不已，只好在一條早已乾涸的河床邊休息。突然，大家發現在休息的地方有許多岩畫，包括河馬、大象、駱駝、長頸鹿、獅子、羚羊和頭戴面具的人物等等；幾個月後，探險隊將記錄岩畫的記事本，轉到了考古學家亨利．洛德（Henri Loïnte）的手中。亨利．洛德對此非常感興趣，並敏銳地意識到這一發現在考古學上的重要價值。他立即組織了一支專業考古隊來到了撒哈拉沙漠深處，對岩畫進行了一系列的考察研究，並運用現代科學技術仔細分析了這些岩畫。

這些岩畫有的刻在山洞的石壁上，有的繪製在裸露的岩石和山崖上。雖然經歷了千年的風雨侵蝕，但大部分岩畫仍得以完整保存，而且線條清晰，成為研究人員考察和分析撒哈拉歷史的珍貴文物。

在五千幅岩畫中，最引人注目的是一幅面積約一百二十平方公尺的大型岩畫，畫面上有大象、獅子、長頸鹿及其他動物，都神態各異，惟妙惟肖。另外，還有一副面積約二十平方公尺的狩獵圖

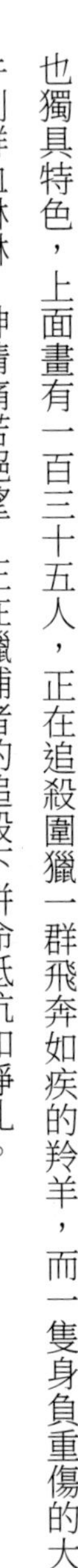

也獨具特色，上面畫有一百三十五人，正在追殺圍獵一群飛奔如疾的羚羊，而一隻身負重傷的大犀牛則鮮血淋淋，神情痛苦絕望，正在獵捕者的追殺下拼命抵抗和掙扎。

岩畫體現出來的歷史價值

撒哈拉的岩畫，向人們展示了撒哈拉地區的歷史長卷，比如在利比亞的烏德馬西多斯和阿爾及利亞的恩阿傑爾伊赫倫等地，考古學家還發現了大量壁畫，這些都是反映狩獵時期的藝術珍品。

據考證，這些作品的繪製年代大約在距今八千年前，壁畫上主要刻劃有大象、長頸鹿、羚羊、水牛等。這些岩畫說明，在當時的撒哈拉應該還是一片水草豐美茂盛的大草原，自然條件濕潤多雨。這樣溫暖的氣候，加上河流縱橫的森林和草原等，不僅能生長各種種類繁多的植物和動物，還為人類的生存提供了生活條件。

考古人員在塔凱德杜馬廷發現的一幅繪製得十分精緻的牧牛圖，至今約有五千多年歷史。圖中描繪的當時養牛的規模很大，飼養技術也非常進步，反映了放牧時期的生活特色。而養牛業的發達，除表明人類生產技術水準的提高之外，自然條件也是不可忽視的因素。

在丁阿尼烏因發現的一幅壁畫，上面刻劃著一個男子駕馭著雙馬牽引的車輛。這種車輛可以用來打獵和裝載貨物，還能用於戰爭；此外，壁畫上還刻劃著幾個只在腰上纏著布、手執長矛圍攻一頭叼著羊的獅子的獵人形象，以及一個穿著闊袍、戴有花飾頭巾的人，顯然應該是地位較高的貴族。在這些壁畫中，甚至還出現了穿著統一制服，帶著武器、排列著整齊隊伍的軍隊。

那麼，是誰刻劃了這些形象鮮明、繪製精巧的史前岩畫呢？這個問題也一直困擾著考古學家們。一些人認為，這些奇特的畫可能與當時班烏爾人的傳統信仰有關。班烏爾人認為，牛是來自水中的，因此在一年一度的洛托里節裡，班烏爾人會把牛牽到池塘；而牛到了水中，腿部自然就看不見了。只是這樣的解釋是否科學？人們還都難下定論。

延伸閱讀——「綠色撒哈拉」新的證明

二〇〇八年八月，美國芝加哥大學的古生物學者和考古學家，在非洲撒哈拉沙漠中發現了大規模的石器時代墓群。而事實上，這已經不是考古人員第一次在撒哈拉發現文明遺址了。

大約九千多年前，撒哈拉大沙漠應該是非常潮濕的氣候。在之後的上千年間，撒哈拉沙漠開始出現了原始的草原、森林、動物以及人類。二〇〇〇年，攝影師赫特威（Mike Hettwer）和古生物學者保羅．塞里諾（Paul Sereno）曾帶領探險隊在尼日尋找恐龍化石，赫特威發現一個埋葬區深埋數百具骨骼，且來自兩個截然不同的族群——基弗人（Kiffian）和特納人（Tenerians），而且每個族群都有上千年的文明歷史。在一些乾燥和荒涼的地區，還發現了狩獵的工具、陶器，以及大量的陸地動物和魚類骨頭，其數量之多在撒哈拉沙漠地區前所未有，其中的動物化石還包括一些大型魚類和鱷魚的化石。這一新的發現也進一步向人們表明，在距今一萬年至四千年間，如今一望無際的大沙漠曾經是「綠色的撒哈拉」。

歐洲考古大發現

古羅馬的地下墓穴

二〇〇六年五月，英國《每日電訊報》（*The Daily Telegraph*）報導了一件令全世界考古界震驚不已的消息：在羅馬地下的古墓中，又發現了一座有一千多具屍骨的古墓，墓中被埋葬者均為古羅馬貴族。一次性從一座古墓中找到上千具屍骨，在考古界還是破天荒。那麼，這些被埋葬的屍骨，到底都是誰的呢？他們又為何全部被埋葬在一起？

沉睡千年的亡靈

在地下陵墓中，一般最多放兩、三具屍體，而在這座古羅馬的地下墓穴中，卻塞滿了屍骨。不過這些屍骨可不是胡亂堆積在一起的，而是像磚塊一樣被羅列起來，整齊地擺放。考古學家研究後發現，這些屍骨是一世紀左右的人，而且是在同一時間、由相同的原因致死的。

亡者都穿著寬大的袍子，款式也是當時羅馬上流社會的男士服裝。袍子製作很精美，上面多是用金線縫製。據此考古研究人員推測，這一千多具屍骨，很可能是古代羅馬的貴族男子。

對屍骨的處理方式，也表明他們是早期古羅馬的基督教徒：幾層亞麻布包裹在身上，亞麻布上還塗有特殊的藥膏，用於防止屍體腐爛。對此我們可以想像，在慘劇發生時，光埋葬這些屍體就是一件多麼殘酷的事。

考古學家稱，這些被擺放的屍骨顯示，這是一次集體埋葬。法醫曾對這些屍骨進行了檢驗，但是屍檢報告並沒有發現什麼異常。

那麼，又是何種原因導致了這場慘絕人寰的悲劇？為何又沒有任何歷史記載呢？而且遺體中又沒有女人和孩子呢？至今也沒有人知道這些問題的答案。

羅馬腳下的亡靈之城

上面發現的墓地其實只是古羅馬地下墓穴的一小部分，而在羅馬的腳下，還有另外一座亡靈之城。

古羅馬地下墓穴是用來埋葬死去的基督徒，因為羅馬法律的規定：基督徒不允許被葬在羅馬城裡，因此這些墓穴都是在城外被發現。在羅馬帝國接受基督教之前，羅馬人死後是實行火葬，因此土葬的習俗，可以說是由基督徒而來的。

早期的墓穴很簡單，是用以紀念基督徒教的忠實信徒。西元二年，地下墓穴建造開始，大多墓穴都有四層，有著體系龐大的陳列館、很多狹窄的通道、階梯。屍體都被放在壁龕，壁龕高有十六～二十四英尺，長又四十七～五十九英尺，多由多孔凝灰岩石製造。死者都穿著完整的衣服，用亞麻布包裹，上面抹有一種特殊的膏藥，以防止屍體腐爛，被裝在密封棺材中，棺材是用厚板製成，正面刻著姓名、死亡時間和宗教信仰。

西元三一三年，基督教成為羅馬帝國的國教。也正因為如此，將死去的基督徒葬在地下墓穴的習俗便隨之改變，地下墓穴變成了地上墓穴；而原有的地下墓穴也因此變得珍貴。

不過，這種地下墓道並非只有羅馬才有，在義大利乃至整個歐洲都有。比如法國的巴黎，據說地下墓地的面積也很大。另外，在愛琴海諸島、希臘、埃及各地等，考古學家都發現了地下墓道。可見，這種地下墓道是隨著羅馬文化的影響而擴及到其他各地。

地下墓穴的壁畫

我們已經知道，地下墓穴裡埋葬的大多都是基督教徒；但是讓人感到奇怪的是，此處墓地上所留下的基督徒壁畫，卻和平常所看到的基督題材壁畫有所不同。這裡的壁畫充滿了晦澀的象徵意味。比如為了象徵犧牲，壁畫上會畫一隻羔羊；為了象徵光明，會畫一隻雄雞；為了象徵對天主的忠貞，就畫鹿飲清泉等等。

為何要大費周章地畫這麼多象徵性事物呢?原來，這還有一段難言的歷史。

自從西元六二年起，羅馬皇帝尼祿（Nero）將聖彼德和聖保羅殘酷處死後，羅馬教難開始不斷，前後大約有兩百五十多年。在這兩百多年當中，很多基督教徒就像土撥鼠一樣，在地下過著暗無天日的日子。因此，我們今天看到的龐大的羅馬地下墓穴，即使當時教徒及其子孫們歷經幾代建造而成。為了避免被當局者屠殺，他們繪畫出各種充滿暗語的壁畫，也就可以理解了。

相關連結——羅馬歷史上的第一次教難

西元六四年七月八日，羅馬城內發生了一次可怕的大火災。起火點位於羅馬競技場附近，而且迅速蔓延，很快整個羅馬城就被大火包圍。大火整整燒了九天九夜，羅馬城幾乎化成了一片廢墟。

據說，這場大火是羅馬皇帝尼祿下令施放的，因為當羅馬城變成一片火海時，他不僅不救火，反而高聲吟誦有關古希臘特洛伊城毀滅的詩詞。

大火熄滅後，尼祿皇帝為了消除人們對他的不滿，就找來了一批替身的罪犯，並對這些人施以殘酷的刑罰。這些犯人或被蒙上獸皮，丟入獸籠中被猛獸咬死；或被釘上十字架，被放火燒死，這次事件也成為羅馬歷史上的第一次教難。也就是從這個時候開始，羅馬的基督教徒們才將活動轉移到地下進行。

尋找古羅馬的遺跡

羅馬城在義大利中部的臺伯河下游。臺伯河在丘陵地帶緩慢流淌，沼澤地帶又折向海岸線，它是亞平寧山區的人們到達大海的理想通道。羅馬城是古羅馬帝國的發源地，也是它的首都。相傳，古羅馬的第一任國王羅穆盧斯（Romulus），在西元前七五三

年四月二十一日建立了羅馬城，但根據考古發掘，實際上遠在西元前八百年這裡就已有人居住。

羅馬的起起落落

像其他許多古城一樣，羅馬也曾被掩埋過。羅馬從四世紀起失去了首都的地位，羅馬人也開始信奉基督教，禁止信奉異教，並關閉神殿；再加上普遍的貧困及異族入侵，這些因素都加速了羅馬的敗落。從西元四一〇年被西哥德人大肆劫掠開始，羅馬就慘遭一次又一次的破壞；六世紀中葉，拜占庭和東哥德人的軍隊為爭奪羅馬而大動干戈，並使其淪為一片廢墟；九世紀初期，地震又破壞了羅馬歷史遺跡的一部分，大量的垃圾和碎磚塊覆蓋了廢墟，也掩埋了上面的碑文；又過了幾個世紀，教堂和宮殿的建造者們徹底掠奪了羅馬遺址中可以運走的所有珍寶，包括屋頂的青銅瓦片、圓柱、塑像、鐵門，甚至為了得到建築用的石灰，燒毀了成千上萬的雕刻。

終於到了文藝復興時期，歐洲的藝術家和建築師們蜂擁來到羅馬，在羅馬廣場考察保留下來的廢墟，繪製草圖；十八世紀末，教宗庇護七世（Pius VII）擔心羅馬具有吸引力的東西日漸消失，會影響遊客帶來的可觀利潤，於是成立了一個委員會，負責調查、保護和維修古蹟。一八〇九年～一八一四年，法國占領羅馬期間，開始系統地發掘和修整羅馬的古蹟，並把注意力集中在廣場上，標誌著對羅馬城謹慎、科學的考古工作的開始。而在西羅馬帝國壽終正寢一千多年以後，深藏於地下的古代遺跡才又重新展現在世人眼前。

古羅馬廣場的興衰

古羅馬城包括七個山丘：巴拉丁諾（Palatinus）、卡比托利歐（Capitolinus）、埃斯奎利諾（Esquilinus）、維米納勒（Viminalis）、奎里那萊（Quirinalis）、西里歐（Caelius）和阿文提諾（Aventinus），因此，歷史上也稱古羅馬是「七丘之城」。羅馬城南北長約六千兩百公尺，東西寬約三千五百公尺，城牆跨河依山曲折起伏，像一隻蹲伏的雄獅。

羅馬廣場是羅馬城中心最重要的地段，在巴拉丁諾、卡比托利歐和埃斯奎利三座山丘之間的谷地裡，原為沼澤地帶的谷地。建城後，這裡就成了居民往來集會的中心。廣場的主要場地長寬分別約為一百三十四公尺、六十三公尺。共和末年，廣場的四周遍布了神殿、元老院議事堂、凱旋門、紀念柱等等。

進入帝國時期後，隨著羅馬帝國不斷擴張，到西元前一世紀後期，老廣場已逐漸顯得有些擁擠了。於是，凱撒大帝命人修建了新的尤莉亞廣場（Saepta Julia）。新廣場三面都是店鋪，中央聳立著維納斯神殿，神殿前則是涓涓不息的噴泉。

在此後的一百五十多年裡，凱撒大帝的繼承者們紛紛效仿凱撒，在羅馬城內建造各自的帝國廣場。比如，奧古斯都廣場為祭祀戰神而建，是負責供奉戰神的祭司們的住所；維斯帕先廣場是羅馬知識界人士經常聚會的地方，作為一個寧靜的文化庇護所，它擁有規則幾何形的花園、圖書館和藝術館等。

不過，羅馬城中最大的廣場應非圖拉真廣場（Forum Trajanum）莫屬，它也是最後修建的公共場所。圖拉真廣場始建於一〇七年，是為紀念圖拉真大帝征服達契亞人（Dacia）的戰爭而建。兩所巨大的圖書館、兩座宏偉的大會堂，以及至今還聳立在廢墟上的圖拉真柱和一排排浮雕，構成了當時羅馬城最壯觀的風景。圖拉真柱（Trajan's Column）高達三十八公尺，柱身上有螺旋形上升的兩百公尺長的浮雕飾帶，浮雕如連環畫般展現了圖拉真皇帝對達契亞人進行的兩次戰役的場景。浮雕客觀真實地反映了當年的戰爭、風景和器物，人物多達兩千五百個，栩栩如生，充滿動感。在柱基裡面，安放的就是圖拉真的骨灰罈，還有一條一百八十五級臺階的狹窄旋梯通向柱頂。柱頂上原來是圖拉真的金像，後來被換成了聖保羅的銅像。

充滿血腥的羅馬競技場

西元一世紀左右，古羅馬建立了一個巨大的競技場（Colosseo），位於羅馬市中心的威尼斯廣場南面，以其宏偉的規模和鬥獸的血腥而名聞全球。

羅馬競技場是古羅馬舉行人獸互搏表演的地方，參加競技的角鬥士要與一隻野獸搏鬥，直到一方死亡為止；也有人與人之間的搏鬥。根據羅馬史學家記載，競技場在剛剛建成時，羅馬人舉行了長達一百天的慶祝活動，共有五千頭獅子、老虎和其他猛獸以及由三千名無辜的奴隸、俘虜、罪犯和基督徒組成的角鬥士在比武場上失去性命；而有個說法是，就連傳說中該競技場的設計師高登齊奧（Gaudenzio）也未能倖免！

羅馬競技場是古羅馬的代表性建築之一。競技場平面為橢圓形，長軸一百八十八公尺，短軸一百五十六公尺，中央的「表演區」長軸八十六公尺，短軸五十四公尺，可容納約五萬名觀眾。競技場的底層，觀眾座位席的下面大部分都是空的，因為這是角鬥士和野獸的住處。觀眾席大約有60%的坡度，並逐排升起，以保證各排的觀眾都有較好的視線。據說，當時觀眾席可分為三個區：底層即第一區，原來是貴族騎士的座位；二層是第二區，是市民的座位區；最高層是第三區，也就是平民座位區。在第三區上部，還有一層是木製的座椅，這是專為婦女們保留的。再上面還有一層平臺，是為只能站立觀看的觀眾準備的。這不得不讓我們驚歎古羅馬建築師出色的設計水準。

不幸的是，西元二一七年，競技場遭雷擊引起大火，部分建築受到了毀壞，但很快就在二三八年被修復了，此後繼續舉行人獸搏鬥表演。直到五二三年，這種血腥的活動才被完全禁止。

在四四二年和五〇八年發生了兩次強烈的地震，對競技場的結構造成了很嚴重的損壞。到了中世紀時，競技場也沒有受到任何保護，因此損壞更是進一步加劇，後來乾脆就被用做碉堡了。十五世紀時，為了建造教堂、樞密院，教廷竟然拆用了競技場的部分石材。一七四九年，羅馬教廷以早年有基督徒在此殉難為由，宣布它為聖地，對它實施保護。

如今，羅馬競技場的東北部建築，還較完整地保存著。南面有一條由黑石鋪成的路，當年的原始風貌還保持著。在西北角的一片草坪上，還屹立有一尊尼祿皇帝的巨型鍍金銅像，高達三十五公尺，雕像的頭部裝飾著漂亮的太陽光圈，相傳是建築師、藝術家芝諾多羅斯（Zenodorous）的精湛之作；另外在競技場的南面，原有一座纖水噴泉，最早是由提圖斯皇帝（Titus）所興建，而後來君士坦丁又對它進行重建。因纖水噴泉是圓錐形，水是從尖端緩緩流下的，就像流汗一樣，因此而聞名。雖然，一九三六年它被拆除了，但是，在君士坦丁凱旋門的附近還設有標誌。

見證歷史的萬神殿

羅馬最古老的建築之一的萬神殿（Pantheon），在羅馬圓形廣場北部，是古羅馬建築的代表。為了紀念早年的奧古斯都打敗安東尼和埃及豔后克麗奧佩脫拉，西元前二七年，奧古斯都大帝的女婿、屋大維的副手瑪爾庫斯．維普撒尼烏斯．阿格里帕（Marcus Vipsanius Agrippa，曾經先後三任羅馬總督）主持，在羅馬城內建了一座廟，獻給「所有的神」，稱作「萬神殿」。

然而，西元八〇年，萬神殿曾被焚毀，後來最喜歡建築設計的哈德良皇帝（Hadrian）又重新修復了它。三世紀初，塞維魯斯（Severus）和卡拉卡拉兩位皇帝又將之改建。羅馬皈依了天主教之後，萬神殿曾被教宗波尼法爵四世（Bonifacius PP. IV）在西元六〇八年把它改名「聖母與諸殉道者教堂」。近代，它再一次成了義大利名人的靈堂，也是國家聖地。

在十九世紀以前，萬神殿一直是在空間跨度上最大的建築，而且這一紀錄一直保持了約一千七百年。萬神殿的最大成在於其巨大的圓頂結構（Cupola）：直徑為四十三點三公尺的穹隆屋頂，沒有一根柱子，而是直接坐落在直徑相同的圓形牆上，牆的高度恰好是圓頂直徑的一半。為了建造這個碩大無比的圓等，羅馬人運用了各種技術：穹隆越接近頂部厚度越小；構成頂部的是堅固但重量輕的混凝土磚；圓頂部開了一個直徑八公尺多的天窗，既減輕圓的重量，又解決了照明問題（天窗是廟內唯一的光源）；圓內部每個神龕後面其實都有一個拱以承擔並傳遞重量等等。

不論從工程學上還是美學上講，萬神殿的設計、建造都算得上是一流的。它由整套穹形的支架，從下到上、從內部支撐起來的。使用天然混凝土、磚頭、浮石、大理石等材料，重材料用在底層，輕的則用在上層，還用了分段施工的辦法砌成。

至今為止，萬神殿雖然經過多次修繕，但古今相比仍沒有多大變化，地板的圖案依然像以前一樣，穹頂四周天花的方格也保存下來了。

延伸閱讀——古羅馬浴場

羅馬浴場是古羅馬建築中最複雜的一種類型。共和時期，公共浴場由熱水廳、溫水廳、冷水廳三部分構成。較大的浴場還設有休息廳、娛樂廳、運動場等等。浴場的地下、牆體內都設有管道通熱空氣，以達到取暖目的。在很早的時候，公共浴場就採用了拱券結構，取暖管道設在拱頂裡。

羅馬帝國時期，大型的皇家浴場中設有圖書館、講演廳和商店等，周圍還有很大的蓄水池。圖拉真浴場由大馬士革的阿波羅多洛斯（Apollodorus of Damascus）在二世紀初設計，確定了皇家浴場的基本形制：主體建築物完全對稱，是長方形的；縱軸線上的是冷水廳、溫水廳、熱水廳；兩邊分別有入口、更衣室、按摩室、塗橄欖油擦肥皂室、蒸汗室等等；各廳室都是按照健身、沐浴順序排列的；鍋爐間、儲藏室和奴隸用房設在地面以下。

此後，卡拉卡拉浴場、戴克里先浴場和君士坦丁浴場，大體也都仿效此浴場建造。這幾個浴場的主體建築都很宏大，其中卡拉卡拉浴場長 兩百一十六公尺，寬一百二十二公尺，可容一千六百人；戴克里先浴場長兩百四十公尺，寬一百四十八公尺，可容三千人。它們的溫水廳面積最大，是用三個十字拱覆蓋的，也是古羅馬結構技術成就的代表作之一。各種類型拱券下面的廳堂形成室內空間的序列。它們的大小、形狀、高低、明暗、開合等都充滿變化，這對此後歐洲折衷主義建築（eclecticism）和古典主義建築產生了很大的影響。

古城雅典的傳奇

雅典有著三千多年的歷史記載，堪稱世界最古老的城市之一。雅典古城以文化聞名於世界，曾誕生或居住過眾多的哲學大家、文學家和政治家，比如索福克勒斯（Sophokles）、阿里斯托芬（Aristophanes）、蘇格拉底、希羅多德、尤里比底斯（Euripides）、艾斯奇勒斯（Aeschylus），這些使得雅典有了「西方文明的搖籃」之稱。西元前五世紀和四世紀時，雅典的重大文化、政治影響覆蓋了整個歐洲，並延伸至世。而迄今為止，仍然有很多雅典的歷史遺跡和大量藝術作品傳世，其中最負盛名的是西方文化的象徵——帕德嫩神殿，位於雅典衛城。

雅典以雅典娜女神命名，雅典娜是雅典的守護神，是智慧與正義戰爭的女神。傳說，雅典娜與海神波塞冬之間有過爭奪雅典命名權的鬥爭。他們最終協議，作雅典守護神的先決條件——為人類提供最有用的東西。與波塞冬象徵感傷和戰爭的戰馬相比，雅典娜變出的橄欖樹代表了富裕與和平。於是雅典娜勝出，成為該城的守護神。

古城雅典的興衰

伊奧尼亞人（Ionia）於西元前八世紀建造了雅典古城。作為古希臘文明的發祥地，雅典的哲學、藝術和文化在西元前四世紀就已達到很高的水準。至於其他行業，雅典的影響也遍及了全歐洲，比如造船、陶器、冶金、皮革和建築。

在歷史上，波希戰爭發生於西元前五世紀初。另外，伯羅奔尼撒戰爭從西元前四三一年開始持續了三十年。這兩次戰爭期間，恰好是雅典最鼎盛的時期。雅典直接參與了這兩次戰爭，並且在這幾十年的時間裡取得了矚目的成就，這些成就包括經濟文化和社會政治的各個方面。雅典留下了大量的雕像和建築，帕德嫩神殿至今都令人歎為觀止。建築師卡利克拉提斯（Kallikratēs）和伊克蒂諾斯（Iktinos）、雕塑家菲狄亞斯（Phidias）都因此得以傳名。

然而，雅典卻在伯羅奔尼撒戰爭敗北，希臘受到了嚴重的打擊。戰爭嚴重影響到經濟的發展，各大城邦都無力追回往日的繁華。無可否認的是，希臘開始衰落了。

雅典在西元前四三〇年又遭遇了瘟疫的突襲，持續一年的瘟疫導致了至少三分之一雅典人的死去，其中包括四分之一的雅典海軍，這幾乎導致了雅典的毀滅。政治家伯里克里斯（Pericles）也難以倖免，雅典的政治文明遭到破壞，承受致命的打擊。然而，這次瘟疫的罪魁禍首是誰？科學家們做出各種各樣的推測。

希臘科學家指出，傷寒是這次瘟疫的主因。希臘考古學家於一九九〇年代初發掘出一座古希臘墳場，位於雅典西北部的凱拉米克斯遺址（Kerameilkos）。在這裡，專家們找到的雅典人遺骸有一百五十具左右。根據遺骸的堆放情況，好像被埋葬時非常倉促，也沒有任何的陪葬品。科學考證證實，這些雅典人恰好生活在瘟疫期。而且，透過對從遺骸中摘取的三顆牙齒的 DNA 測試，傷寒正是他們去世的原因。但是，傷寒又是怎麼傳到雅典來的呢？這仍是個不解之謎。

對古雅典的不斷發掘

雅典聚集了眾多的古文化遺跡，幾千年來，人們一直沒有放棄對雅典的挖掘。除了考古學家，建築師、古董收藏家和尋寶者都處於這龐大的挖掘團隊中。

與往日的希臘古城比，今天的雅典城大了很多。雅典衛城被汽車尾氣和水泥建築叢包圍著，很難說還可以在大路之下找到什麼有價值的東西。然而，雅典本身具有的神祕魅力仍然吸引了眾多的考古學家，而得益於持續的發掘工作，很多文物出土了。其中有一個石柱，大理石材，刻著二十一個雅典人名，皆斃命於伯羅奔尼撒戰爭；一個青銅頭像，與真人大小差不多；一個西元前十一世紀的邁錫尼人的墳墓；一個三世紀羅馬人的公共浴場以及一些拜占庭時代的壁畫牆等等。

一九九七年，在建造雅典中央博物館的工程中，工人們在距雅典衛城約一千六百公尺處的一片橄欖林中挖到了一堵牆。考古學家考證後認為，這就是一代思想大師亞里斯多德在雅典創辦的學校——呂刻昂學院（Lyceum）的遺址。亞里斯多德曾在呂刻昂學院教授歷史、地理、詩歌、政治和哲學，這所學校在當時就已經聞名於世。任何一個有文化教養的人來到雅典，都會把它當作遊覽和拜訪的一部分。

帕德嫩神殿

舉世聞名的帕德嫩神殿，是雅典最著名的古蹟之一，被歸入「古代七大奇觀」之列。

西元前五世紀，人們在古城堡的中心位置建造了帕德嫩神殿，用來為諸神供奉祭品。據傳，奧林匹斯山的希臘諸神都會來這裡聚會。整個神殿呈長方形，十六根多利亞式（Doric Order）大理石柱支撐東西，八根支撐南北。整個神殿分前殿、中殿、後殿三部分。白色的大理石堆砌殿牆，共九十二道，上面刻著栩栩如生的珍禽異獸和眾神的神像。在殿頂東西兩側的人字牆上有很多大理石浮雕，好像講述著諸多的希臘神話，殿堂渾然一體，結構嚴密。

在帕德嫩神殿中，曾經矗立著一尊雅典娜神像，十二公尺高，戴著頭盔，身穿胸甲，皆是黃金所造；在她的肩上靠著長矛，身邊立著盾牌，右手托起勝利之神，材料是黃金和象牙；衣服華貴，臉孔和露出的臂膀和手腳非常柔和，一雙炯炯有神的眼睛由寶石鑲嵌而成……這座塑像出自雕刻家菲迪亞斯之手，卻在西元一四六年被東羅馬帝國的皇帝擄走並丟失。今天，人們難以見到雅典娜的這般英姿，只能依賴某些小型的仿製品加以想像。

無論是天災還是人禍，帕德嫩神殿都曾經歷。西元三九三年，帕德嫩神殿被改作基督教堂；土耳其統治時期，帕德嫩神殿又被改作伊斯蘭寺院；西元一六八七年，古城堡遭受了威尼斯軍隊發起的炮擊，神殿因此塌掉了頂端和殿牆；英國在十九世紀初接收了英國駐君士坦丁堡的大使埃爾金伯爵（7th Earl of Elgin）竊自神殿的大量雕像，因此神殿只剩石柱、殿堂和仍舊雄偉的山門。而被劫走的這批珍品，只有少數得以倖存，有的失落在海上，有的人為破損，英法等國的博物館中收藏了少數的珍品。

延伸閱讀——雅典衛城

在希臘語中，雅典衛城被稱作「阿克羅波利斯」(Acropolis)，原意為「高處的城市」或「高丘上的城邦」。

衛城建造在石灰岩山岡上，海拔一百五十公尺，位於今雅典城的西南部，與古希臘其他的城市一樣，衛城也是人們戰時的避難之處。這個山岡城市的四周有著堅固的城牆和險峻的地勢，西側是人們登上衛城的唯一缺口，因為它的東面、南面和北面都是陡壁。西元前一千五百年，人們把王宮建造在這裡。而自西元前八百年，大量的祭祀建築興建，這裡才成為雅典的宗教中心，城市隨之也建造起來。

衛城於西元前五世紀、雅典奴隸主實行民主政治時，才真正成為國家的宗教活動中心。波希戰爭後，各城邦聯合戰勝了波斯，衛城的地位變得更為重要。只要是有國家慶典或宗教上的節日，人們都自動地來到這裡祭神。

但衛城在波希戰爭中遭到了破壞。戰爭結束後，衛城外多了一條用於連結雅典與比雷埃夫斯港(Piraeus)、六十五公里長的保護牆，人們也重新建造了神殿。西元前四世紀以後，雅典人運用自己的智慧和高超技術，在山下建造了大量的建築，競技場、大柱廊及會堂都建於此時，戴奧尼索斯露天劇場(Theatre of Dionysus)也得到了擴建。衛城於十七世紀成為廢墟，又在一八三三年希臘建國後得以重修。

現存的衛城主建築除了衛城博物館屬於現代建築，還有帕德嫩神殿、厄瑞克忒翁神殿、衛城山門、雅典娜女神殿和勝利神殿等遺跡。

阿爾塔米拉洞窟

阿爾塔米拉洞窟（Cueva de Altamira）是史前人類的活動遺址，在這個位於西班牙桑坦德省的洞窟中，人類的活動痕跡從奧瑞納時期（Aurignacian）持續到了梭魯特時期（Solutrian）和馬格德林時期（Magdalenian）。在眾多的舊石器時代的洞窟岩畫中，阿爾塔米拉洞窟中的岩畫最為著名。從洞窟岩畫和石器推測，記錄的動物至少生活在舊石器時代的晚期。一九八五年，阿爾塔米拉洞窟被聯合國教科文組織列入《世界遺產名錄》。

神奇的發現過程

學術界對舊石器時代的文化所知很少，因為到十九世紀中葉，發現於歐洲的舊石器時代文物只有小型石刻和骨頭。而當阿爾塔米拉洞窟被發現時，人們為其中的岩畫感到震驚，並給予了它「史前西斯汀小教堂」之稱，而西班牙人桑圖奧拉（Marcelino Sanz de Sautuola）和他的小女兒是阿爾塔米拉洞窟岩畫的最初發現者。

早在一八七九年之前，桑圖奧拉就帶著小女兒瑪利亞來到阿爾塔米拉洞穴，並很快投入挖掘工作。小女兒瑪利亞手持蠟燭在洞穴中玩耍，突然她看到了一處很低的窟頂，並大喊「野牛！野牛！」小女孩正是無意間看到了洞窟的彩色窟頂岩壁畫，它們已在此地長眠了萬年。

桑圖奧拉有著豐富的經驗，他認定這些是原始社會時期的遺跡。一八八〇年，桑圖奧拉在向世人介紹阿爾塔米拉洞窟的壁畫時，提出它們屬於舊石器時代。遺憾的是，由於壁畫的驚人生動，他的觀點遭到了學術界的普遍質疑和嘲笑。一八八八年，桑圖奧拉辭世，帶著很大的遺憾。

對洞窟岩畫藝術的懷疑與探究

歐洲的舊石器時代晚期可以分為三個時期。第一個時期距今約三萬～兩萬年，被稱為「奧瑞納文化期」；第二個時期距今約兩萬～一萬五千年，被稱為「梭魯特文化期」；第三個時期距今約一萬五千～八千年，被稱為「馬格德林文化期」。人們在試圖往拉穆特洞窟的深處挖掘時，發現整個洞窟覆蓋著厚厚的堆積物，這些堆積物源自於馬格德林文化期。清除掉堆積物，洞口才展現在人們眼前，順著洞口往裡，進入後面的洞窟，繪畫和線雕才得以發現。有馬格德林文化期的堆積物的阻擋，不會有人進入洞窟，因此可以推斷，壁畫要早於馬格德林文化期。

在洞窟的壁畫中，有很多像猛獁象這樣只生活在古代的動物，史前史學界也因此開始承認並接受它們屬於舊石器時代的洞穴的事實。所以，阿爾塔米拉洞窟壁畫進入人們的研究領域，人們也意欲尋找更多的舊石器洞窟。很快，人們就不斷地發現類似的洞窟或石棚。尤其是法國，陸續發現了一大批洞穴藝術，都有著重要的意義。此時，桑圖奧拉和他的女兒瑪利亞的發現，也終於得到了肯定。

生動驚人的史前文化

阿爾塔米拉洞窟開鑿在散提亞拿（Santillana）上，其中有幾個石灰岩洞相連，有「S」形排列的過道和廳堂，整個洞窟綿延兩百七十多公尺，寬度不等，高普遍不超二點三公尺。

在阿爾塔米拉洞窟中，人們發現了石斧、石針、石灶。石灶可用於生火，人們得以吃熟食取暖，灶底還殘留著燒火的餘燼。另外，還發現了史前人睡覺的地方，石器時代的生活面貌得以窺見。在整個洞窟中，有一百多平方公尺的岩洞，有一百五十幅左右的壁畫，入口處的頂壁是壁畫最為集中的地方，有十八公尺長、九公尺寬。據考察，這是「馬格德林文化」，距今約一萬五千～八千年的舊石器時代。

阿爾塔米拉窟頂壁畫中，出現的動物超過三十種，有的出現重疊或覆蓋的現象，有的保存的很完整，可以清晰地看出長毛象、野牛，還有少量的類人猿。壁畫中的野牛長一點四～一點八尺，巨鹿可以達二點二五公尺。這些動物形態各異，或狂奔，或靜臥，有的還受了傷，都有著美麗的色彩。動物頗具立體感和動態感，風格豪放。色彩上主用赭紅與黑色，先勾勒後上色，調和了動物脂肪和血的天然礦物顏料色彩豔麗濃重，價值非凡。當時人們用的是動植物和獸毛製成的繪畫工具。

相關連結——拉斯科洞窟

被譽為「史前的羅浮宮」的拉斯科洞窟壁畫（Lascaux）發現於一九四〇年，位置在法國多爾多涅省蒙蒂尼亞克鎮附近的韋澤爾河谷，四名兒童指揮狗捕捉野兔時，無意中發現了這一龐大的原始畫廊。

大型的拉斯科洞窟形成於第三紀，主因是水流對石灰岩的浸透。整個洞窟充滿了寬狹不等的通道，有六百幅繪畫和一千五百個岩刻展現在岩壁上，顏色豐富，紅、黃、棕、黑俱全。其中最壯觀的是野牛大廳，呈不規則的圓形。六十五頭大型動物的形象裝飾在野牛大廳的廳頂，另外還有一些意義不明的圓點和幾何圖形。

人們發現，一些木炭、顏料和雕刻工具散落在地面上。據推斷，裡面的岩畫大多繪製於西元前一萬五千年前左右。

人們在拉斯科洞窟裡發現了一塊畫有一個著名的人類古老場景的突出的岩石，它位於一個井狀坑底部。在這塊岩石上，一個鳥人正在與一頭野牛戰鬥，附近的枝頭上，立著一隻鳥，鳥人用長矛刺穿了野牛的腹部，腸子流了出來，但是野牛仍然奮力的抵抗，向人衝去；上面的人有著鳥一樣的頭，或者也可以說，是戴著鳥頭一樣的帽子，握在右手的武器類似矛棒或標槍，呈鉤狀，很鋒利。鳥人只有八根手指，似乎也因野牛的攻擊受傷，矛棒的斷片還殘留在腳下。有人認為，這個鳥人為了捕獵而偽裝成動物，也有人認為，這是巫師在進行巫術活動，祈求狩獵豐收。至於偽裝的方法，至今流傳在中國的少數民族中，如鄂倫春族人，在狩獵的時候會頭戴麅頭帽。據學者們的意見，這種岩畫應該帶有某種紀念意義，或者是為了傳播某種觀念。在稍晚於拉斯科洞窟的非洲岩畫中，類似的岩畫也能夠見到。

馬爾他巨石神殿

馬爾他巨石神殿是非常完美的石頭結構，雖然建於五千五百年以前，卻不需支撐。與埃及的金字塔和石籬相比，這些自立石頭結構要古老很多。

詹蒂亞神殿（Ggantija Temple）和哈加琴姆神殿是馬爾他在哥佐島等地的著名歷史古蹟中。作為現存世界上最古老的神殿，詹蒂亞神殿展現了複雜而高超的建築技藝，不失為一項世界建築奇蹟。

發現島上的神祕建築

馬爾他島的佩奧拉鎮發展的非常快，一九〇二年，在這裡發生了一件世界矚目的事情：為了建造蓄水池，一家食品店雇用的建築工人們鑿開地下的岩石，他們費盡周折終於鑿出了一個洞口；奇怪的是，一個宏偉的地下室展現在他們眼前，這間地下室是透過鑿通硬石灰岩而建成的。大多數建築工人沒有引起注意，簡單地把洞穴作為垃圾、碎石等的堆放點，只有一個工人將此事彙報給了相關部門。之後，考古學家們聞訊而來，經過仔細的挖掘和清理，一個史前建築現身了，那宏大的規模和獨特的設計都令人深感震驚。

隨後，另外一些石器時代的石製建築又陸續發現於馬爾他島。考古人員於一九一三年在塔西安村發現了占地達八萬平方公尺的石製建築，這個石製建築的建造時代距今五千多年，是歐洲最大的石器時代遺址。考古學家也在哈加琴姆（Hagar Qim）、哈爾．薩夫列尼等地發現類似的幾座巨大石製建築。灰石是這些石製建築的主要材料，工藝上有所差異，有的光滑，有的粗糙，有的還有獨特的粉飾，可謂各有千秋。

經歷了漫長的歲月，大部分遠古建築已坍塌，但是仍然留下了比較完好的基本結構。其中有類似祭壇的石塊，非常平滑。考古學家因此推測它們用於祭祀，並以「神殿」來稱呼它們。

世界上最奇妙的史前巨石神殿

詹蒂亞神殿位於哥佐島，是最先引人注目的巨石建築。它的建造時間為西元前兩千五百年前，在當時當地人以「戈甘蒂札」稱之，即「巨人的傑作」。這座正面高八公尺的巨石建築主用硬質的珊瑚石灰岩，並且最早運用了拼接技巧——灰石板的緊密銜接。內部則是帶有裝飾的軟質石灰岩。經考證，神殿由最初的三個穹頂，擴大為五個穹頂。神殿外牆的最後部分，使用了高達六公尺的石材，史前時代沒有任何機械，人們怎樣將巨大的石塊運送過來，確實令人費解。

哈加琴姆神殿（Hagar Qim temple）是最複雜的巨石遺跡之一，也位於馬爾他島嶼，堪稱極品。考古人員發現，這裡的很多石頭似乎蘊含了某種宗教意義，可謂精心安排。這裡有馬爾他神殿中最大的超巨型石塊，長六百六十公尺，而只是作為鋪路石。在通往神殿門洞的通道兩側，分布著很多人們不知是祭臺還是柱基的「石桌」。考古學家在神殿內部找到了很多母神的小石像，所以哈加琴姆神殿很可能與母神崇拜相關。

塔西安神殿（Tarxien temple）是馬爾他神殿中規模最大的。經歷了漫長的年代，基本保持完整的只有地基和低矮的外圍牆。考古學家考證出它的建造時間距今五千年，並成功了復原了這座占地八萬平方公尺的廟宇。經過挖掘，一座大殿的一個大廳、一座廟宇的兩個大廳和第三個大殿的入口都已展現在人們面前。

據考證，塔西安神殿的頂蓋先用橫梁加樹枝作支撐，後用黏土或石灰石覆蓋而成。石灰石板嵌在外牆上，非常厚。石牆上的石頭沒有用灰漿黏合，石磚及其楣石在牆頂上一應俱全。透過正門可到達第一個大殿的正廳，裡面有主神「送子娘娘」的塑像。塑像右邊有象徵主神慧眼的刻有螺紋的祭壇，上面還放著一把燧石刀，殘留著動物的骸骨。旁邊，還有盛放獻祭品的石盆。

塔西安神殿有兩個寬大的門洞，門洞的盡頭是弧形的凹室，並且有一個能夠通往第一個廟殿與第二個廟殿主廳的通道。通道的兩側，分布著祭壇。放著用來焚香或盛放獻祭牲畜的的大石盆。一個形狀十分奇特的平臺位於通道旁的石頭臺階頂端，至於它的用途，人們無法知曉。

在經過通道出廟門之後，能夠看見一個有大石板頂蓋的亭子，形狀比較奇怪，亭子下面滿地都是小圓洞和石珠。人們很難知道這些石珠的用途。

哈爾·薩夫列尼地下宮殿

哈爾·薩夫列尼地下宮殿（Hypogeum of Hal-Saflieni）在馬耳它巨石廟群中比較特別，它是經人工開鑿而得的地下迷宮，絕非天然。

整座哈爾·薩夫列尼地下宮殿分三層，從地面到底部有十二公尺，其間充滿了許多房間，上下交錯、多層重疊。隨著時間的變化，哈爾·薩夫列尼地下宮殿的房間不斷增加，新通道也隨之出現，最後這個地下結構擁有了三十三個房間，「地下宮殿」之名可謂名副其實。在洞穴內部，有很多壁龕分布在進出洞口和小房間中，大小不一。巨大石材鑿成的大圓柱和小支柱支撐起中央大廳的半圓形屋頂。整體看來，哈爾．薩夫列尼地下宮殿線條清晰、稜角分明。

考古人員發現，當時的人們從堅固的岩石中開鑿出墓室，並用鑿空的岩石本身作為墓頂，還使得這些墓室彼此相連。其中有二十多間墓室的頂部還雕出了房梁、門楣，有的壁畫上還畫著牛的形象。禮拜室是一個呈正方形的房間，不加修飾，位於地下陵墓的中央。人們在這裡，發現了一個赤土陶器女神雕像，有十公分高。

透過測算，哈爾．薩夫列尼地下宮殿建於西元前三千兩百年到西元前兩千九百年間，距今五千年前，正處於新石器時代，這非常令人震驚。人們無法解釋，石器時代的居民耗費巨大的人力、精力建造哈爾．薩夫列尼地下宮殿是出於什麼原因呢？那時是生產力是那樣的低下。哈爾．薩夫列尼地下宮殿究竟有什麼用途呢？

一九〇二年，人們發現了這座地下建築，找到了遺骸七千具左右。所以有人認為，這座地下宮殿是一個大型的陵墓。但是，地下宮殿的規模進一步展現時，人們便開始否認這種猜測，因為這樣大的陵墓顯然是沒有必要的。之後又有了新的看法，建造神殿是初衷，但也曾被用作陵墓。但是神殿和陵墓難以混淆，功能完全不同，所以這種看法也不足以服眾。至於它的用途，仍是未解之謎。

相關連結——羅德島太陽神巨像

在世界七大奇觀中，羅德島太陽神巨像最神祕，它毀於地震，但至少存在了六十六年。而在這之前，科學家們還難以確定它的面貌和具體位置之所在。

羅德島太陽神巨像的大體位置在羅德島，位於愛琴海的東南部。據考古學家的經驗，神像一般與神殿相伴，但是羅德島太陽神殿附近卻沒有任何巨像，孤立地矗立在城中央的山丘上。人們只找到一條線索，城牆一直延伸到了港口。這說明，全新港口羅德港是人工而建，而城牆的尾端，很有可能就是巨像的所在地。

羅德島太陽神巨像的鑄造有著紀念意義，紀念的是西元前三〇五年的戰爭，它本身鑄造於西元前三〇二年。安提柯一世（Antigonus I）的兒子德米特里一世（Demetrius I）作為亞歷山大國王的繼承人之一，為了稱霸，他於西元前三〇五年發動了羅德島侵略。羅德人民堅決抵抗，最終趕走了侵略者。人們繳獲了十二點五噸青銅武器，耗時十二年，將這些青銅器熔化，鑄造了太陽神赫利俄斯的巨像，以紀念這次戰爭。這座塑像高三十二公尺，是羅德雕刻藝術的集大成者，卻於西元前二二四年毀於地震。

一直以來，人們對巨神像的模樣做出了種種猜測。有人認為，他兩腳分開跨立在羅德島港口的入口處，手裡拿著火把，胯下是漁船經過的地方。現實的研究卻顯示，這是一種不合理的結構，以港口的闊度為根據，至少需要兩百五十公尺的高度才有可能跨越港口；並且，冬季的強風和本身多具有的巨大張力，也很難使金屬或石塊巨像保持跨立的姿勢，巨像傾倒卻會對港口造成阻礙，所以巨像的位置應該更貼近東面或內陸。巨像的具體姿勢，就更加難以知曉。

荷馬時代的特洛伊古城

土耳其的特洛伊古城遺址，坐落於平緩的城堡山腳下，它的北部是恰納卡萊（Çanakkale），瀕臨達達尼爾海峽。這裡環境優美，蒼山綠樹，山間小溪流淌，到處是柑桔樹和橄欖樹，農民村居紅瓦白牆，擁有典型的農村風光。

特洛伊古城有著四千多年的歷史，堪稱世界最著名的考古遺址之一。著名考古學家海因里希・施里曼（Heinrich Schliemann）於一八七一年主持了對特洛伊古城的首次挖掘。從這裡得到的遺存物，對於證明安納托力亞和地中海文明之間的聯繫異常重要。西元前十三或十二世紀，希臘的斯巴達人和亞該亞人（Achaia）對特洛伊展開了圍攻，荷馬將此事寫入了《伊利亞德》與《奧德賽》，在文學藝術界產生了深遠的影響。

從希臘神話中發掘出的特洛伊

希臘詩人荷馬於西元前八世紀創作了史詩《伊利亞德》（*Iliad*）與《奧德賽》（*Odyssey*），其中與特洛伊戰爭相關的是前者。據傳，希臘美女海倫是斯巴達國王墨涅拉厄斯（Menelaus）的妻子，與普里阿摩斯國王（Priams）的兒子帕里斯（Paris）私奔，引起了斯巴達國王的憤怒。邁錫尼國王阿伽門農（Agamemnon）率領希臘各城邦盟軍，組成擁有一千多艘戰船的艦隊進攻特洛伊。

希臘士兵用了十年的時間，仍難以攻下特洛伊；最後，是奧德修斯（Odysseus）運用智謀想出妙計，使士兵埋伏於木馬中，將木馬放在特洛伊城外並撤離。木馬被特洛伊人拖進城，士兵們半夜湧出，最終攻破特洛伊城，特洛伊城被滅，繁華不再。

漫長的歲月過去了，人們也逐漸淡忘了有關特洛伊的傳說。十九世紀，《伊利亞德》和《奧德賽》作為史詩被崇奉為經典，卻很少有人相信特洛伊戰爭的真實性，只認為是以西元前一千五百年到西元前一千兩百年間的戰爭為題材虛構出的故事。

然而，德國考古學家海因里希．施里曼卻不以為然。

一八七〇年，已經四十七歲的施里曼帶著新婚妻子，踏上了尋訪特洛伊遺址的旅途，他們來到了西安納托力亞的愛琴海岸，即今天土耳其的的希沙利克（Hissarlik）。令人驚奇的是，從小著迷於荷馬史詩的施里曼，靠著史詩的指點，從沉睡兩千年的特洛伊城遺址中找到了「普里阿摩斯寶藏」，證明了特洛伊戰爭的真實性。在打開長眠三千年地下寶庫的同時，也為考古界揭開新的一頁。

一八七〇年四月，施里曼最先從希沙利克的小山上開始了挖掘工作；沒多久他就發現了一段由巨石構築的古城牆，距離地表四公尺半。一八七二年，施里曼組織了一百個工人共同，發掘出相互疊加的多座城市。顯然，新的城市建造在毀滅的城市之上。他們還找到很多碎片，有陶器、缸片。施里曼不禁問自己：這會不會就是特洛伊古城呢？

一八七三年六月，施里曼又發現了一批寶藏，這批寶藏發現於環形牆附近，靠近特洛伊王宮。除了兩頂華麗的珍貴金冠，還有很多黃金物件，比如耳環、釦子、鐲子、高腳杯、還有穿孔小金條，另外還有銀花瓶、銅的花瓶與青銅武器等。施里曼興奮地認為，他找到了「普里阿摩斯寶藏」，即特洛伊最後一位國王的寶藏。

特洛伊古城的九個時代

施里曼的同事威廉．德普菲爾德接手了特洛伊城的挖掘工作。根據出土物品推斷，特洛伊城形成時間是西元前兩千五百年至西元前兩千兩百年，早於所傳特洛伊戰爭一千年。在特洛伊遺址中，考古學家發現了九座古城，並且它們分別屬於九個時代，重疊在遺址之上。前五層屬於青銅時代的早期，中間第六層和第七層屬於青銅時代中期和晚期，最後兩層則屬於鐵器時代的早期。

最初的特洛伊 I 只是一個小城堡，總體半徑只有四十五公尺。應該是一個設防城堡，用於避難，有石頭築成的石門和城牆。

第一層之上是特洛伊 II。這個城堡比較大，半徑六十公尺，已經出現了王宮和其他建築，考古人員從其中的王宮中找到很多遺物。包括石器、骨器、青銅器以及金銀珠寶，火災是特洛伊II毀滅的主因，所以施里曼認為這是經歷了特洛伊戰爭的特洛伊城。

特洛伊 III、特洛伊 IV、特洛伊 V 的城池都很大。到了特洛伊 VI，就有許多新的居民了，而且城牆堅固，似乎曾多次擴建，總長有五百四十公尺，至少有四座城門，城內還有很多貴族住宅的建築臺基。西元前一千三百年，這座城市在一次地震中毀滅。

然後就是特洛伊 VII，此城西元前一二五〇年遭遇掠奪並被大火所滅。大部分學者認為特洛伊 VII 才是經歷特洛伊戰爭的特洛伊城。西元前一一〇〇年，特洛伊 VII 被捨棄，只存在了很短的時間，之後這裡完全變為空城。

西元前七世紀初，特洛伊 VIII 建成，希臘人將它占據並發展，取得了多年的繁榮。

西元前八五年，羅馬人於劫掠了特洛伊 VIII 並建造了特洛伊 IX。他們於大約西元四〇〇年捨棄了這裡，之後再也沒有人知道它的存在，直到施里曼的發掘。

施里曼最先發現了特洛伊古城遺址，即使他對特洛伊城年代的判斷有偏差，也有著不可磨滅的功績。

特洛伊寶藏在哪裡

據傳，施里曼找到「普里阿摩斯寶藏」後，私自將它們運到了希臘，而沒有上交土耳其。這引起了土耳其的不滿，他們極力要求希臘歸還。迫於土耳其的壓力，希臘政府沒有接收這些寶藏。所以，施里曼只得轉運到德國並收藏至柏林國立博物館，德國政府授予他「柏林榮譽市民」的稱號。

得益於施里曼的這一舉動，「普里阿摩斯寶藏」沒有受到第一次世界大戰的影響，保存完好；但是，第二次世界大戰後期，柏林抵擋不住蘇軍，包括「普里阿摩斯寶藏」在內的德國珍寶，都被蘇軍藏到了地下的碉堡中。戰爭過去了，這些珍寶也不知所蹤。

於是施里曼的尋寶經歷受到了質疑，有人對他寫的文字進行了專門的研究，發現當時他的妻子沒有出現在發現「普里阿摩斯寶藏」的現場；有人認為，這些並不是完整的「普里阿摩斯寶藏」，施里曼從遺址中獲得的零散珍寶的彙集，他不過想要宣揚自己的成就才這樣說……

一九九六年四月，人們得以在莫斯科普希金博物館重見「特洛伊寶藏」，這些正是蘇俄軍隊於第二次世界大戰時從德國得到的。為此，幾個國家之間爆發了「第二場特洛伊戰爭」，為爭奪這些珍寶的所有權而起，參與者有土耳其、希臘、德國和俄羅斯。

其實，特洛伊之謎仍無法算是徹底揭開。不管哪一層被認定是特洛伊古城的真正遺址，都缺乏科學的可靠的證據來說明：特洛伊 VI 和特洛伊 VII 在細節上與荷馬的描寫比較相似，但是人們在這兩層中找到的遺跡，根本無法與荷馬所描寫的相比，少之又少；而在《伊利亞德》中，特洛伊的城門和城牆都非常高大宏偉，但是西城牆的設計卻有一些弊端和漏洞。從這裡生發，有人認為特洛伊 V 才是荷馬史詩中的特洛伊，因為第五層的西城牆確實較其他部分損毀更嚴重，而且有幾段有九公尺多高、四公尺多厚的城牆，非常雄偉。

但是，不論是哪一層，都可以說施里曼口中的「普里阿摩斯寶藏」並不是真正的「普里阿摩斯寶藏」。那麼，施里曼挖掘到的這些寶藏是誰留下的呢？真正的普里阿摩斯寶藏到底在什麼地方呢？這些懸而未決的問題，只能留給後來人慢慢尋找答案了。

新知博覽——哥貝克力山丘

《聖經》中的伊甸園是亞當和夏娃居住的樂園，在現實生活中很難說真正存在，但是考古學家於一九九四年發現了哥貝克力山丘（Göbekli Tepe）這一巨石遺跡，經過時空對比，認為傳說中的伊甸園很可能就在這裡。

一九九四年，一名庫德族的牧人在土耳其東部放牧，發現一塊巨石很特別，呈矩形。牧人很快通知了土耳其東南部桑尼烏法古城的博物館館長。來自土耳其和德國的考古學家們立即投入到對巨石的挖掘工作中，隨後他們找到了四十五個「T」型巨石，並用這些形狀不同的巨石拼湊出巨石陣。勘測儀器顯示，未挖掘出的巨石仍有幾百個。

這些矗立在哥貝克力山丘上的巨石表面，雕刻著很多畫面，有娛樂和狩獵的場面，也有爬行動物和野豬等動物的紋飾。至於形狀，有的與人形很相似，甚至還帶有垂下的「手臂」，人們推測，這裡曾是用於祭祀的地方。

科學資料顯示，這些遺址出現在距今一萬兩千年的時期，大約建造於西元前一萬年。與金字塔和英國的巨石陣相比，也要早八千年，同時早於陶器和文字的出現時間。所以它們可能屬於世界上最古老的一類遺址。

一些科學家認為，這裡可能曾經就是伊甸園。其實，種植與畜牧活動最早發現於土耳其東部。這裡最早出現了豬、綿羊、牛和山羊等圈養動物以及黑麥、燕麥等原始穀物。從聖經看，最早的人類以捕獵和採集為生，他們生活在伊甸園，獲取食物只能依靠勞力。而哥貝克力山丘的時空背景，恰好與人類過渡到農耕時期的史料基本一致。而且，哥貝克力山丘也與《聖經》中伊甸園的地理位置一致，都在亞述帝國的西方，底格里斯河和幼發拉底河從它附近流過。所以，科學家很容易得出這裡就是伊甸園所在地的結論。並且，雕刻在巨石上的圖案充滿著神祕的色彩，展現了當時人們生活的狀態。

一萬年前哥貝克力山丘，是一片肥沃而富饒的大地，不像現在的庫德沙漠這樣乾旱而貧瘠。這裡遭遇過嚴重的生態危機，經歷了環境的劇變。科學家推測，人類活動是導致環境變化的主因，樹木的過度砍伐導致了土地條件的惡化，最後由富饒變為荒蕪。

不朽的摩索拉斯陵墓

哈利卡納索斯（Halicarnassus）位於小亞細亞西南部，在它市中心處的大廣場上，矗立著摩索拉斯陵墓。波斯帝國屬地卡里亞的總督摩索拉斯（Mausolus）安息在這座陵墓中，他生於西元前四世紀中葉。摩索拉斯陵墓剛建成就吸引了眾多的來客，盛名遠揚，奇異的花紋遍布在整座建築上，而希臘羅馬時代的旅行更將其與埃及古夫金字塔相提並論。

陵墓值得稱道之處

西元前四世紀中期，國王摩索拉斯遷都哈利卡納索斯並重建，從此時，他就開始了修陵墓的工程，但來不及竣工，摩索拉斯就辭世了。王后阿爾特米西亞（Artemisia）繼承了王權，並謹記亡夫的心願，繼續建築這座陵墓。最終，希臘古典時代晚期一座著名的陵墓建成了。

令人遺憾的是，時間的流逝毀損了這座陵墓。傳說，西元一千四百年前的一次大地震導致了摩索拉斯陵墓的毀滅。學者們於十九世紀中葉不斷挖掘，最終找到了國王的石棺、墓室和甬道；英國人於一八五七年在其中找到了最重要的遺物，並陳列於大英博物館。

陵墓有著宏大的規模，即使它的造型不能算作完美，但神殿風格非常突出。整個陵墓可以分為三個部分：底部有一個十九公尺高、三十九公尺長、三十三公尺寬的臺基，呈方形，高大，內部有停棺；臺基上面有一個高十一公尺的連拱廊，三十六根柱子做了支撐，伊奧尼亞式風格；最上面是二十四級臺階構成的屋頂，呈金字塔形。有人認為，二十四是摩索拉斯的在位時間。陵墓的最頂端，高立著摩索拉斯和王后阿爾特米西亞二世的塑像，他們乘車而行，神態清晰，整個塑像有四公尺高，帶有典型的希臘風格。整個陵墓呈長方形，向空中延伸了五十公尺左右，有二十層樓那麼高。氣勢非常宏偉壯觀，好似空中的樓閣。

陵墓內部裝飾得非常精美，充滿了各種各樣的雕塑和雕像。墓前可以看到石獅，用大理石雕刻而成，浮雕群像等分布在柱廊之間和臺基座四周。可惜的是，大部分遺跡都已損壞，人們只找到了部分大理石馬、獅雕像，以及彩帶浮雕、摩索拉斯夫婦的車馬群像。在彩帶浮雕中，描繪出希臘人與亞馬遜女戰士戰鬥的場面，被公認為最卓越的浮雕。自然的風蝕，使得這些珍寶只剩殘片。儘管如此，也足以令人想像得出這座宏大的紀念性建築的非凡風貌。

摩索拉斯陵墓建築之謎

古今以來，歷代君王都喜歡建造宏偉的陵墓，但是作為地方長官的摩索拉斯，為什麼也要為自己建造一座能夠與金字塔相比的巨大陵墓呢？

有人認為，摩索拉斯雖受波斯帝王的任命，卻有著一方之主的魄力。他不認為自己是平庸的，或者不甘於平庸，為了展示自己的威力，才下令修建自己的陵墓。

也有人認為，摩拉索斯是為了用這座巨大的墳墓來紀念與王后阿爾特米西亞的愛情。據說，加里亞王國有著兄妹婚姻的傳統，阿爾特米西亞王后是他的妹妹。二人情深意重，希望死後仍不分開。於是王后阿爾特米西亞在摩拉索斯王死後繼承了王權，幫亡夫了卻心願。

然而有人持反對意見，據歷史學家稱，摩拉索斯最終沒有被安葬在陵墓中。王后將他的屍骨碾碎，就著葡萄酒一飲而盡。雖然考古學家一直在努力，但摩索拉斯石棺的具體位置是在神像室還是地基內部墓穴中，沒有人能夠證明裡面真的安葬著摩拉索斯。

還有一個費解的問題，為什麼選擇地中海城市的中心作為陵墓的所在地呢？有人考慮到古希臘人的價值觀，試圖做出解釋。在古希臘的文化中，陵墓沒有陰森之意。在他們看來，死者需要面對可怕的幽靈，人死後會一直生活在黑暗的世界中，但是人們可以解脫，解脫的方法就是為自己爭取到辭世之後的榮譽。只要實現了這一步，亡靈就不會被人們忘記，會繼續存在於人們心中，生命得到了永恆，也就是死亡得以超越。

也許摩索拉斯王修建陵墓的原因正在於此，但是，之後他卻難以安息於陵墓之中。西元十五世紀前，陵墓在一次大地震中嚴重受損。除了這樣的天災，人類活動最終導致了陵墓的徹底毀滅。一四〇二年，汪達爾人聖喬凡尼率領的騎兵征服了哈利卡納索斯，他們對這座陵墓深感厭惡，於是毫不留情的將陵墓改成採石場。事情發生在一四九四年，而為了建造聖彼得堡，摩索拉斯的陵墓的碎片也被碾掉了。

新知博覽——內姆魯特山

內姆魯特山（Nemrut），海拔兩千一百三十四公尺，位於安納托力亞的東南部。為了顯示自己與天神一般的榮耀，科馬基尼（Commagene）國王、波斯人與希臘人的後代安條克一世（Antiochus I），於西元前六九年至西元前三四年間在山頂建造了一座紀念碑。在敘利亞與波斯的貿易中，安條克所統治的王國大大受益。他於是仿效諸神，在內姆魯特山雕塑眾多的神像，也把自己包含在內。

現今這座古墳的半徑為七十六公尺，有四十九公尺高。古墳兩側都有雕像，且形象一致，應該是相同的祖先，相比而言，東面坡地的雕像保存的更好。這些雕像用的不是整體的巨石，而是不同的石塊一層層地堆起來。從石像的頭部來看，他們的面部特徵屬於希臘人，但是卻裝飾著波斯人的髮型和髮飾。由此可知，安條克將自己看作與眾神有著同等地位。

在古墳西平臺上有淺浮雕像，保存得比較完好。可以看出安條克與阿波羅、宙斯及海格力斯諸神握手的畫面。同時，這裡還有一塊巨大的石板，上面描繪著一頭獅子。顯示了恆星及木星、水星、火星在西元前六二年七月七日的方位。也許這還是這些建築的始建日期，這一日期的具體意義還沒人知曉。

一座保存完好的石壇位於古墳的東部。古墳附近的跡象顯示，應該有一條可從山下小路進入的溝通東西兩平臺的通道，並且通道的兩旁有砌好的牆。這裡很可能用於宗教祭司，並且定期就會舉行。

一位德國工程師於一八八一年重新發現了內姆魯特山，在這之前，它已沉寂了幾個世紀。雖然在此後的挖掘工作中人們沒有發現安條克的墓，但可以肯定他的墓就在此地。

在繁華中消逝的龐貝古城

維蘇威火山西南腳下十公里處的龐貝，是一座歷史悠久的古城，它位於亞平寧半島西南角的坎佩尼亞地區（CamPania），義大利南部那不勒斯附近，羅馬在它西北方向兩百四十公里左右的地方，那不勒斯灣則在它的西方二十公里處，風光美麗旖旎。

龐貝於西元前八世紀建城，薩莫奈人（Sammites）於西元前五世紀統治了龐貝。西元前四世紀至西元前三世紀間，薩莫奈與羅馬經歷了三次戰爭，之後龐貝歸屬於羅馬共和國。

龐貝是古羅馬帝國與世界各地貿易的樞紐，發展迅速，到西元七九年時已成為古羅馬帝國最繁榮的城市之一。但維蘇威火山的一次爆發，使這座城市遭到了致命的毀滅。

繁華古城一夜消失

龐貝位於海拔一千兩百八十多公尺的維蘇威火山南面，環境優美，氣候舒適，土壤肥沃，是個富饒的地區。龐貝人在這裡勞作生活，種植葡萄、橄欖、蔬菜、穀物與迷迭香。而直到災難降臨前，龐貝人也完全不知曉。

維蘇威火山終於在七九年八月二十三日深夜，到二十四日清晨間爆發了。火山口的溫度達到攝氏一千度，熔化的岩石疾速衝出，內部巨大的壓力使火紅色的礫石噴出，到達七千公尺，之後熔岩又疾速下降，直落到龐貝中。人們驚恐萬分，開始四處逃竄，但大多數人難逃一死，諸多的建築物也無法承受重壓而坍塌。從維蘇威火山奔湧而來的岩漿很快到達了龐貝，城市中的街道被一一覆蓋。隨後，大量的黑色火山灰迎空而來，封堵了城市中的門窗，之前僥倖活下的人又面對濃煙、濃灰，窒息而死。

整個爆發過程持續了十八個小時，整個龐貝被掩埋了，甚至出現了十九公尺的深坑。龐貝這個美麗的樂園，一瞬間就在地球上消失了。

一鋤掘出千古奇觀

過了幾個世紀，人們幾乎淡忘了龐貝。直到一五九四年，在維蘇威火山西南的田野裡，一群農民正忙於挖掘水渠，他們突然感覺鐵鍬碰到了什麼硬質的東西。他們繼續挖下去，最後找到了很多金幣。

之後，這裡不斷挖掘出古羅馬錢幣、大理石碎塊和陶器等諸多東西。有人發現有的東西上面刻有文字，但是相比這些文字而言，他們更加喜歡錢，所以沒有人再進行相關挖掘。

一七四八年出土了一個石塊，上面刻有「龐貝」字樣。人們才想到，這裡有可能是龐貝古城的遺址，也是被維蘇威火山吞噬的地方，龐貝的考古活動正式拉開帷幕。但挖掘的方法起初很粗糙，加之缺乏考古經驗，龐貝遺址遭到了破壞，遺失了很多珍貴的文物。

從一八六〇年起，龐貝古城遺址的發掘工作走上正軌。一八七六年，發掘龐貝古城的工作在義大利政府的組織下，科學家和有識之士有序地展開。龐貝的真實面貌終於得以在七八代專家不間斷地努力後展現在眼前。

曾經繁華發達的龐貝古城

一點五平方公里的龐貝，有八座城門、長四千八百公尺的護城牆，皆用堅固的石頭堆砌而成。各個城門都有縱貫南北和東西的大街相通，這些大街將龐貝劃分為九個城區，每個城區又有互相聯繫的大街小巷。最主要的街道由石板鋪成，比較平坦，有十公尺寬，其他路面都用碎石鋪成，可以看出金屬車輪滾過的車轍；兩側還設有人行道。可以想像繁華的街道場景。在街道的十字路口，人們可以從石製水池中取水。這些石製水池雕有精美的雕像，且有著先進的引水系統，水源清亮乾淨。龐貝人透過高架水槽，城內最高點的水塔也得以引到城外的山泉，之後，公用的水池和庭院都可以用到山泉水，可見龐貝人的高超智慧。

廣場位於城區西南部，呈長方形。四周可見美麗的長廊，高大雕花柱做著支撐。人們可以在這裡玩耍，也可以避雨。這裡還有很多重要的建築。政府大樓位於廣場的東南方，內設議事廳，規模比較大；法院位於廣場的西南方，有兩層，呈長方形。據考古學家的觀點，這座建築同時擔負了審判和商談兩種功能。這很容易理解，因為商談時，合約的簽訂和交稅問題都擺脫不了與法院的關係，這也為貿易的發展創造了便利的條件。

龐貝的商業區位於廣場的東北部，是最熱鬧繁華的地方，商品繁多，店鋪林立。在發掘遺跡時，一家水果店展現在人們面前，人們可以分辨出栗子、梅子、葡萄等擺在貨架上的水果。考古證實，這裡也有手工作坊，可以清晰地看到裡面的設備。令人震驚的是，人們還在一塊出土的麵包上，識別出當時麵包店的店名。

露天角鬥場位於龐貝的東南角，規模相當宏大。這個露天角鬥場可供兩萬名觀眾觀看表演，階梯狀的看臺分布在四周，中間是平地。這種角鬥活動很殘酷，通常由達官貴人舉辦。

另外，人們從龐貝的遺址發現了很多豪宅。這些豪宅的庭院十分寬敞，設有水池，種有花草，大門宏偉，有雕花門樓和大理石圓柱。院中還有雕刻的石像，有人物形象，也有動物的形象，栩栩如生，還可以噴出細小的水流。內部設施非常齊全，正廳、餐廳、臥室、浴室都有區分。牆壁和地板都裝飾得很漂亮，有的地方擺放著銀製或青銅的器物，採光很好，總體來說寬敞明亮。

公共浴場位於龐貝廣場的東角，作為大眾聚會的重要場所，這座浴室規模宏大，耗費了大量的財力，甚至需要募資才能建造，而牆壁上就記錄著捐款者的姓名。

相關連結——赫庫蘭尼姆古城

龐貝古城外八公里處，是赫庫蘭尼姆古城（Herculaneum），它發現於一七〇九年，是一座義大利的古城，位於維蘇威火山西麓，臨那不勒斯灣。

西元七九年，維蘇威火山大噴發，使得赫庫蘭尼姆古城與龐貝一起毀滅。一七三八年，人們開始對赫庫蘭尼姆古城展開鑽井式挖掘；一八二八年又改以水平挖掘。人們發現，這座建於高地的古城，環繞著城牆，同時有兩條溪流從側面經過。專家估計，當時有五千多人在這裡重建了這座城市。

維蘇威火山的爆發，埋葬了兩千多名龐貝人，他們沒有赫庫蘭尼姆城的居民幸運。考古挖掘顯示，這裡的遺跡並不包括人骨，出土的都是其他可以見到的器物、工具或藝術品。赫庫蘭尼姆城的人們，難道都得以逃脫那次滅頂之災嗎？一直以來，許多歷史學家都持有這樣的看法，並認為他們平安地遷居到其他地方。

但一位義大利考古學家卻認為，赫庫蘭尼姆城的居民不會比龐貝人幸運。因為一般說來，赫庫蘭尼姆離海比較近，遇上火山爆發，居民應該會奔向海邊；火山爆發過程中，會造成土石流，這樣會將海岸線向前推進，故若能找到原來的海岸線和港灣，很多問題就可以迎刃而解。而在這位義大利科學家的努力下，不僅原來的海岸線，甚至原來的港灣也被發現了，港灣所在地距目前的海岸線四百公尺。正如這位考古學家所言，很多赫庫蘭尼姆城的居民也沒有生還，火山爆發引發了海嘯，導致人們葬身大海，考古學家們找到了很多骸骨，可以辨別出有婦女、孩子，也有戰士和老人。

神祕的馬其頓王陵

馬其頓王陵在塞薩洛尼基城西南六十四公里的韋爾吉納（Vergina），位於希臘北部，古希臘馬其頓王腓力二世（Philip II）是墓主，他於西元前三五九～西元前三三六年在位，意圖稱霸天下，可謂野心勃勃。希臘考古學家M・安德洛尼克斯（Manolis Andronikos）於一九七七年，發現並主持發掘了馬其頓王陵，這是第二次世界大戰以來希臘考古界的重大成果之一。

腓力二世其人

雅典最傑出的演說家狄摩西尼（Demosthenes）認為：馬其頓王腓力二世阻礙了希臘的自由

獨立，也阻礙了希臘文化的發展，是一個蠻人、僭主和暴君。

在歷史學家看來，腓力二世確實是個僭主，其為了自立為王，在兄長佩爾狄卡斯三世（Perdiccas III）死後，很快就將即將繼位的侄子處死.;但蠻人一說卻不準確。他自小深受希臘文化的薰陶，並利用在底比斯做人質的時間，很快掌握了戰略、戰術及其他與政治相關的知識，所以馬其頓的蠻荒狀態並沒有影響到他的發展。除了希臘的先進技術、文化，他還非常熟知希臘各城邦之間的矛盾及弱點。登基後，腓力二世很快統一了馬其頓王國，並且推行改革，涉及到了財政和軍事等方面。很快，馬其頓王國崛起了，成為他國不可小看的軍事強國。

腓力二世後來居上，他有野心控制希臘的獨立和自由。他有序地展開了對其他國家領土的侵犯，整個希臘幾近受命於他。西元前三三八年，在與希臘同盟軍進行的決戰中，腓力二世親率大軍，取得了輝煌的勝利。為了慶祝勝利，他在希臘同盟軍的屍體間宴請手下，喝的酣暢淋漓，作為侵略者是殘忍、冷酷的。

西元前三三八年（也可能是三三七年），腓力二世在科林斯截斷了希臘古典時代的歷史。之後，馬其頓主宰著整個希臘的命運，雅典和斯巴達也只能屈居馬其頓之下。

西元前三三六年春，波斯納入腓力二世的侵略戰略中，為了征戰波斯，他派出了三萬人；但是，就在他忙於準備向波斯進軍的過程中，他卻在女兒的婚禮上死於一場宮廷騷亂，殺他的是馬其頓內部的仇敵。可想而知，腓力二世稱霸的理想只能隨著他埋葬了。

馬其頓王陵發掘出土

一九七七年，馬其頓王陵現世。整個王陵分為兩個部分，整體距地面五點一八公尺，上面是一座大理石墓，建成時間約在西元前三五〇年～西元前三四〇年，距地面有二點四三公尺處，曾經被盜墓者光臨過；上面是一個土塚有十二點八公尺高，周長有九十九公尺，異常宏大，樣式屬於多利亞式柱的神殿。

整個王陵有兩個墓室，主室是大墓室。，利亞柱式的墓門設計，有刻有獵獅圖案的橫楣，安德洛尼克斯是首個打開此門的人。大墓室占地四點四六平方公尺左右，墓頂呈拱形，一座白色的大理石棺安放在大墓室中間。石棺內部是一個重十點八公斤的骨灰箱，質地為純金，四十公分長、三十三點五公分寬。骨灰箱有獅爪形的四足，箱蓋上刻有馬其頓王室的星光形徽記。箱壁上有各種精美的花紋，藤蔓、玫瑰花、棕櫚葉清晰可見。在玫瑰花的花瓣內，閃閃發光的寶石與黃金的光澤輝映，顯示著高貴與華美。在骨灰箱內部，紫色的錦緞包裹著腓力二世的骨灰和兩顆牙齒。在錦緞上，端放著飾有橡樹葉和橡實的金冠。

在小墓室中，也有一個白色大理石石棺，要小於大墓室中的石棺。棺內也有一個純金的骨灰箱，也小於大墓室中的骨灰箱，且比大骨灰箱輕二點三八公斤。製作骨灰箱和金冠的工藝可謂罕見。

主室的石棺前還放著一張腐朽的木床，擺放著武器護具，如盔甲、青銅胸甲、鞋履、刀、王笏以及金箔包裹的護脛、王冕等；也有很多工藝精湛的隨葬品，如銀杯、銀瓶、矛。盔甲和盾牌是其中最出色的，出土時的盔甲還閃耀著金帶和金環的金光，上面雕刻著八個獅頭；還有雅典娜女神，鑲在木床上的小型象牙頭像，只有二點五四公分，卻也展現了高超的工藝。據考古人員的觀點，這些小頭像，象徵的是腓力二世和王后，及其兒子亞歷山大大帝。

提起腓力的兒子亞歷山大，比腓力二世更加有名，他有著堅毅的性格和超凡的才能。亞里斯多德為年輕的亞歷山大奠定了良好的教育，亞歷山大喜歡荷馬，有著與腓力二世同樣的野心。據說，年輕的亞歷山大每當聽說腓力勝利就會悶悶不樂，因為腓力留給兒子的疆土越來越少。腓力二世的辭世，使得亞歷山大得以施展抱負。年僅二十歲的亞歷山大，就能夠平穩混亂的社會局面。很快開始了遠征，並持續了近十年，建立了一個地跨亞歐非三個大洲的帝國。

作為歐洲古代文明的發祥地，希臘創造了燦爛的文化。腓力二世雖然在軍事上征服了希臘，他的一生都為希臘文化而折服，直到死後，墳墓中仍有大量的希臘藝術品。

新知博覽——邁錫尼古城

希臘人在巴爾幹半島南端定居的時間可以追溯到西元前兩千年左右。邁錫尼文明就是出現於西元前十六世紀上半葉，伴隨著一些奴隸制國家的形成。衛城、宮殿和規模宏大的圓頂墓不止出現在邁錫尼文明中，中部希臘的底比斯、奧爾霍邁諾斯、格拉斯和雅典，以及帖撒利亞的約爾科斯等地也都出現過，但邁錫尼的這類建築卻是最雄偉的。

現存的邁錫尼城堡遺址，從平面看起來很像三角形，它位於查拉山和埃里阿斯山之間的山頂上。巨大的石塊構成了高八公尺、厚五公尺的城牆。在城堡的西北面，有一座帶有三角形石刻門楣的大門，非常宏偉。這是邁錫尼城堡的「獅子門」，因為有兩隻威武的無頭雄獅立在門邊。

有一間小屋處在「獅子門」內的左邊，考古學家斷定是看門人的居住處。考古學家還發現，在「獅子門」內側、獨眼人牆以東，還有六座豎穴墓，呈長方形，它們被豎立的石板包圍著，形成一個圓圈，即圓形墓圈A，圓圈的直徑有二十六公尺半左右。這六座豎穴墓大小不同，深度也不同，長度從二點七公尺到六點一公尺不一，深度從零點九公尺到四點五公尺不一，圓木和石板鋪蓋的墓頂多已坍塌。在這六座墓中，埋葬了男女十九人，其中包括小孩兩個。黃金覆蓋在屍骨上面，同一墳墓的屍骨一般靠得很近。金面具蓋在男人臉上，胸部也蓋著黃金的飾物。在他們身邊，還放著金匣子，只是用來裝飾。衣服上的金箔飾件工藝精美，刻著玫瑰、螺紋等圖案。至於那兩個小孩，則直接用金片包裹著。

一九五一年，希臘另一位考古學家發現了圓形墓圈B，這距離圓形墓圈A的發現時間已有七十五年。這個墓區距離「獅子門」大約一百公尺，位於「獅子門」的西方，其中發現的珍寶時代與A中的一致，其工藝完全可與A中的相比。據希臘神話，謀殺阿伽門農的兇手沒有資格安葬在城堡中。因此，古希臘人認為這裡面葬的是阿伽門農的妻子克呂泰涅斯特拉（Clytemnestra）及其情夫。

其實，這些長方形竪穴墓的年代為西元前一千六百年至西元前一千五百年左右，這要比特洛伊戰爭早超過三百年。阿伽門農如果真在歷史上存在，那麼他生活的年代應該是西元前一一八〇年左右，特洛伊戰爭時期。所以，這些墓穴的墓主並不是阿伽門農及其隨從，也就不會是阿伽門農妻子與情夫。它們墓主只能是邁錫尼的王族成員，而且也不是在同一時間安葬的。

這座墓的主室的平面是呈圓形的，高十三點七公尺，所用石材是石灰岩，呈黃褐色、圓錐狀，底部半徑為七點六公尺，石灰滿布在地面上。人們還在北側的山岩中發現一個側室，呈方形，被稱作「寶庫」，因為人們一直以為這裡埋藏著邁錫尼君主的寶藏。

阿提米斯神殿

在希臘神話中，阿提米斯（Artemis）是月亮神和狩獵女神，她也是太陽神阿波羅的妹妹，但在羅馬神話中被稱為戴安娜（Diana）。

阿提米斯女神深受敬仰，因此人們為她建造了阿提米斯神殿，也是上古七大奇觀之一。

阿提米斯神殿的遺址位於現在土耳其愛奧尼亞海濱，這個地方在《聖經》裡稱為以弗所（Ephesus）。阿提米斯神殿的規模，遠超雅典衛城的帕德嫩神殿，是古希臘最大的神殿之一，也是最早完全用大理石建造的建築之一。它壯麗輝煌，規模巨大，還曾經是逃亡者的「庇護所」，地位之顯赫由此可見一斑。

阿提米斯神殿在建成後的近兩百年裡，巍然屹立在以弗所東北郊的一座高山上，迎接那些接踵前來朝覲的人們，並很快成為愛琴海諸島和小亞細亞西海岸希臘移民城邦的香客嚮往的聖殿。

神殿的建造背景

十九世紀後半葉，考古學家們才最終確認，《聖經》中曾經提到過的那座著名城市以弗所的遺址。

西元前十一世紀，來自古希臘的愛奧尼亞人建造了以弗所，這座位於小亞細亞西岸的濱海城市，也是一座典型的古希臘殖民城市。後來，以弗所在眾多的殖民城市中脫穎而出，成為古希臘工業和文化中心之一。

西元前六世紀，以弗所成為雄霸小亞細亞西部大片土地的利底亞王國境內的工商業中心。當時，以弗所依山傍水，風光旖旎，數不清的觀光遊客慕名前來，同時還有朝覲和貿易，這也為它帶來了源源不斷的財富。強大的經濟實力，也使城市規模不斷擴大，人口逐年增加。最強盛的時期，以弗所城裡的居住人口達到了三十萬之多。

在遙遠的古代，不論貧窮還是富有，人們都有著共同的精神追求，那就是對神的信仰與敬畏，因此，修建一座大型的神殿用以祭祀人們心中至高無上的神靈，便成為這座城市的人們急切的渴望，阿提米斯神殿就在這樣的背景之下應運而生。當各地前來朝覲的人們越來越多時，以弗所人終於發現他們原先建造的那座聖壇，已遠遠不能滿足人們祭祀的需求了，因此修建一座大型神殿就成為當務之急。

很快，修建神殿的計畫，就得到了利底亞王國克羅伊斯（Croesus）的支持，而這位財富如山的君王更是一向熱心宗教事業，為此他慷慨解囊，尋找希臘最好的建築師和藝術家，很快，一座希臘藝術與亞洲財富相結合而孕育的建築傑作誕生了。

神殿的毀滅與再造

阿提米斯神殿滿足了人們祭拜的需求，然而不幸的是，西元前三五六年七月二十一日的深夜，這座壯麗的神殿在一場大火中化為廢墟。據說，這場大火是一個名叫黑若斯達特斯（Herostratus）的縱火狂所為。這個人長期以來寂寂無為，但非常想要引起轟動、萬古留名。於是在一片火光中，神殿坍塌了。

神殿在人們心中的地位太重要了，沒有它，人們的靈魂也彷彿無所歸屬。於是，人們又在神殿的原址上重新建起了一座神殿，比原來的神殿更加富麗堂皇，成為當時世界上最大的大理石建築，占地面積達六千零五十平方公尺。神殿內外，都是由金銀、象牙和銅製成的精美浮雕做裝飾，神殿中央，還設有一個「U」形祭壇，來供奉阿提米斯女神的雕像。

如今，我們無可稽考重建這座巨大的神殿所耗用的時間，但它遭逢厄運的時間我們大抵可以推算出來。西元二六二年，哥德人的悍然入侵，神殿再次遭逢厄運，內部的財寶被強盜們悉數劫走，神殿也在這次劫掠中慘遭破壞。以弗所人們曾試圖再次重建神殿，但由於耗資巨大而難以實施，重建計畫便擱置了，但這個願望在人們心中一直沒有磨滅。

然而，西元四世紀，在小亞細亞，強大的基督教勢力逐漸改變了人們的信仰，以弗所人也大多改信基督教了，神殿的重建自然變得也不合時宜了。

西元五世紀初，以弗所被東羅馬帝國所占領，奧德修斯二世將阿提米斯神殿視為異教徒的聚集場所，因此下令徹底拆毀。從此，這座偉大的建築奇蹟就從世界上永遠消失了。今天，我們也只能從作為文物的以弗所錢幣上看到這座神殿的大致模樣。

一八六九年，阿提米斯神殿被發現；一九八二年，土耳其考古學家在遺址三公尺深處挖掘到上百件重要文物，其中有純金婦女塑像，象牙製作的項鍊、耳環、手鐲等飾物。而陳列在以弗所博物館內的阿提米斯塑像，是一件價值無比的藝術瑰寶。神像比真人還高，面容慈祥，神情生動，形態逼真，雕刻藝術細膩傳神，是世界上所發現的阿提米斯雕像中最古老、最完整的一個。

新知博覽——以弗所

以弗所是古希臘的重要城邦，位於利底亞古城和小亞細亞西岸愛琴海岸附近巴因德爾河口處，古代為安納托力亞豐收女神和阿提米斯的崇拜中心。

以弗所從羅馬共和國開始，就是亞細亞省的省會，被譽為「亞洲第一個且最大的大都會」。它以阿提米斯神殿、圖書館和戲院著稱，並有四十萬～五十萬居民，有一百多年的歷史。

基督教歷史上極其重要的人物聖保羅曾在以弗所傳教，那裡是當年重要的宗教聖地。聖保羅是猶太人後裔，生於今土耳其境內，開始時他堅持猶太教傳統，後來皈依基督教。他一生中進行了漫長的傳教之旅，足跡遍至小亞細亞、希臘、義大利各地，影響深遠。西元五三年，他來到以弗所布道，贏得大批信眾，並且建立了第一座基督教堂。然而在以弗所，他的傳教活動引起軒然大波，因為當地的珠寶商靠販賣阿提米斯的銀像賺錢，改變信仰無異於要斷他們的財路。於是，珠寶商們在大劇場組織萬人大會反對保羅，保羅被迫出走，最終被囚於羅馬。在獄中，他寫下了著名的《以弗所書》（*Epistle to the Ephesians*）給遠在以弗所的外邦信徒。

以弗所的標誌性建築塞爾蘇斯圖書館（Library of Celsus），是羅馬總督提貝留斯（Tiberius

Julius Celsus）為紀念其父塞爾蘇斯統治以弗所而建的壯觀建築。整個建築的外牆呈金黃色。據說，荷馬、亞里斯多德都曾在此寫作教學。據推測，當時圖書館藏書超過一萬冊，號稱當時世界三大圖書館之一。

以弗所的劇場，是世界上最大的古羅馬劇場之一。梯田式觀眾席依山坡順勢而建，錯落有致，劇場前排是專門為貴族建造的貴賓席，後排座位是普通席。中央舞臺的設計也很別致，整個劇場由幾十公尺高的石牆環繞，音響效果極佳。後來羅馬人改建了劇場，並引進了更具遊戲性的角鬥士表演。

這個曾經著名的城市，今天一部分成了土耳其小鎮Selcuk，那裡還坐落著聖約翰教堂，位於土耳其第三大城市伊士麥（Izmir）南邊大約五十公里的地方。這個大型的遺址至今只挖掘了一部分，向我們展現了該城當年的繁華。其中戲院非常之大，是海港街道的主要景觀。

美洲考古大發現

傳說中的馬雅文明

馬雅文明是美洲古代印第安文明的傑出代表，主要分布在墨西哥南部、瓜地馬拉、巴西、貝里斯以及洪都拉斯和薩爾瓦多西部地區。

馬雅文明約形成於西元前兩千五百年，又約在西元前四百年左右建立了早期的奴隸制國家。西元三～九世紀為馬雅文明的繁盛期，十五世紀後逐漸衰落，最後為西班牙殖民者摧毀，此後長期湮沒在熱帶雨林中。

馬雅遺跡重現於世

哥倫布在西元一〇五二年最後一次遠航美洲時，距離他第一次發現「新大陸」剛好十年。在洪都拉斯灣船靠岸了，哥倫布和他的船員們懷著興奮的心情踏上這片久違的土地。當地市場上，一種製作精美的陶盆吸引了哥倫布的目光；而賣主告訴他，這漂亮的陶盆來自「馬雅」(Maya)。馬雅這個名字，第一次傳入了歐洲人的耳朵。

十多年後，一艘歐洲海船從巴拿馬前往聖多明哥。旅途中，船隻遭遇了海難，十二個倖存的船員登上了猶加敦半島。兩週之後，這些船員與馬雅人不期而遇，其中五人還成了馬雅人祭壇上的犧牲品。僥倖逃脫的船員回到了西班牙，心有餘悸地講述了他們的遭遇。

一五二六年，一支西班牙探險隊前往猶加敦半島，他們試圖用暴力建立西班牙殖民地，並強制推行基督教信仰，而不肯屈服的馬雅人與西班牙人展開了長達百年的游擊戰。到一六九七年，最後一個馬雅城邦終於在西班牙人的炮火中毀滅。西班牙人在狹隘的宗教信仰驅使之下，搜羅了大量的歷史文物，並將其統統燒掉。而戰火平息後，古馬雅與其他印第安文明一樣，逐漸被人們遺忘了。

一八三九年，美國人約翰．史蒂芬（John Lloyd Stephens）和畫家凱瑟伍德（Frederick Catherwood）在赴中美洲考察時，一路披荊斬棘，歷經千辛萬苦，才終於在今天的洪都拉斯熱帶雨林中找到了一座城堡，重新揭開了馬雅文明神祕的面紗。他們發現這座城堡時，只有灌木叢生的斷垣殘壁，坍塌的神殿留下了一塊塊巨大的基石，上面還有精美的雕飾。馬路都是用石板鋪成的，標誌著它曾經是個車水馬龍、川流不息的鬧市。路邊砌有排水管，標誌著它曾經是個文明的城市。石砌的民宅與貴族的宮殿儘管大多都已倒塌，但仍可依稀窺見當年喧鬧的景象。所有這些石材無不蒼苔斑斑，或被荒草和荊棘深深掩蓋，或被蟒蛇一般行走的野藤緊緊纏裹。如此荒蠻的自然景象與異常雄偉的人工遺址，形成了巨大的反差，令人唏噓不已。從此以後，馬雅古城遺址逐漸熱鬧，大批的考古學家開始奔赴馬雅古城。

十九世紀末，考古學家在這裡發掘出一批重要的遺址，開始了馬雅文明的現代考古學研究。一九五〇年代後，研究進展較快，形成專門的馬雅學，是世界考古學及歷史學研究的重要領域。

馬雅文明的發展

馬雅文明，是由中美洲古代印第安人的一支——馬雅人創造的文明，主要分布在現今墨西哥的猶加敦半島、瓜地馬拉、貝里斯、洪都拉斯和薩爾瓦多西部等廣大地區。在發掘出來的一百七十多處馬雅古城遺址中，有宏偉的金字塔、巍峨的神殿、先進的天文臺、高大的石碑、複雜的文字、精美的壁畫和生動的浮雕等等。人們很難想像，在幾千年前還處於原始社會和奴隸社會的馬雅人，怎麼能創造出如此先進的文明？所以在馬雅文明發現初期，由於難以解釋文明的發展原因，人們一度認為這是外星人所為。不過隨著研究的不斷進行，人們對馬雅文明的了解也越來越接近真相。

馬雅文明大約形成於西元前兩千五百年，西元三世紀~西元九世紀為繁盛期，西元十五世紀後逐漸衰落，最後被西班牙殖民者摧毀。根據考古學家的劃分，馬雅文明可分為三個發展階段——前古典期、古典期和後古典期。

大約在西元前二五〇〇~西元二五〇年，即馬雅文化形成期，在猶加敦半島中央佩滕盆地及其周圍山谷，就已出現定居的農業生活，玉米和豆類是主要的作物；早期祭祀中心也已建立，由土臺、祭壇等組成。此後國家萌芽，並出現象形文字。

到了西元二五〇~西元九〇〇年，馬雅文化逐漸進入興盛期，各地較大規模的城市和居民點數以百計，但尚未形成統一的國家。各城邦使用共同的象形文字和曆法，城市規劃、建築風格、生產水準也大體一致。這時期的主要遺址大多分布在中部熱帶雨林區，比如瓦哈克通（Uaxactun）、提卡爾（Tikal）、彼德拉斯內格拉斯（Piedras Negras）、科潘（Copán）、帕倫克（Palenque）、基里瓜（Quirigua）等祭祀中心，此時已形成規模宏大的建築群。提卡爾遺址氣勢恢宏，城區面積可達五十平方公里，由數以百計的大小金字塔式臺廟組成，估計居民有四萬左右，還出現了大量刻紀年碑銘的石柱，一般每隔五年、十年或二十年建立一座，成為獨特的記時柱。然而在九世紀左右，這些祭祀中心突然廢棄，馬雅文明也急劇衰落；到了十一世紀以後，馬雅文明的重心逐漸轉向北部的石灰岩低地平原。

大約到了西元一〇〇〇~西元一五二〇年，馬雅文化具有濃厚的墨西哥風格。這一時期，從墨西哥南下的托爾特克人（Toltec）征服了猶加敦，並以契琴伊薩為都城。這一時期的建築中，出現了石廊柱群及以活人為祭品的「聖井」、球場，還有觀察天象的天文臺，和目前保存最完整的高大金字塔式臺廟，崇拜羽蛇神魁札爾科亞特爾（Quetzalcoatl）。

此後，北部的馬雅潘（Mayapan）取代了契琴伊薩，成為這一時期的文化中心。馬雅潘的統治者還與其他城邦結成聯盟，用武力鞏固自己的統治。一四五〇年，因內部叛亂，馬雅潘被焚毀，此後百年中，馬雅文化趨於衰落。西元一五二三~一五二四年，西班牙殖民者乘虛而入，從墨西哥南下占領了猶加敦半島，馬雅文明被徹底破壞。

馬雅文明的衰亡之謎

在西元六〇〇年左右，馬雅民族離開了他們辛苦建築的城邦，丟棄了富麗堂皇的廟宇，從此以後，馬雅文明逐漸衰亡，直至湮滅。

考古學界對馬雅文明湮滅的之謎提出了許多假設，諸如人口爆炸、疾病、外族入侵、氣候變化等等，各執己見，這給馬雅文明蒙上了更加濃厚的神祕色彩。

在一九八〇年代末，一支包括考古學家、動物學家和營養學家在內的四十五名學者組成了考察隊，踏遍了常有美洲虎和響尾蛇出沒的瓜地馬拉佩藤雨林地區，在這裡，即使盜墓賊也不敢輕易涉足。這支團隊用了將近六年的時間，對約兩百多處馬雅文明遺址進行了細緻的考察，結論是：馬雅文明是因爭奪財富及權勢的血腥內戰，自相殘殺而導致毀滅。

考古人員提出，馬雅人並非傳說中那樣熱愛和平，相反，在四世紀至七世紀的全盛期，毗鄰城邦的馬雅貴族們一直都在進行著爭權奪利的戰爭。馬雅人的戰爭異常恐怖，士兵們用矛和棒作兵器，襲擊其它城市，目的是抓獲俘虜，並把他們交給己方祭司，作為向神獻祭的禮品。

馬雅文明曾經相當繁榮，農民耕種畦田、梯田和沼澤水田，生產的糧食足以供養眾多的人口；工匠以燧石、骨角、貝殼等製作藝術品，他們還製作棉織品，雕刻石碑銘文，繪製陶器和壁畫。商品交易也相當盛行。但是，自從七世紀中期開始，馬雅文明便逐漸衰落。隨著政治聯姻情況的增加，除了長子以外的王室兄弟都會受到排擠。無奈之下，一些王子只能離開家園，去尋找新的生存場所。而留下來的人，則繼續爭奪繼承權和財富。這種兄弟鬩牆由最初的為祭祀而戰，逐漸演變成了為爭奪珠寶、奢侈品、權利、美女而戰。戰爭永無休止，導致生靈塗炭，貿易中斷，城邦滅，結果只有10％的人倖存下來。

西元七六一年，Dos Pilas城被毀滅，成為馬雅文明衰落的一個起點。Dos Pilas是方圓一千五百英里內的中心城邦，它遭到了從鄰近Tamarindito城來的敵人的攻擊。一個裝有十三顆八至五十五歲男人頭顱的洞窟被發掘，證明了該城被攻占時曾遭到了斬草除根式的大屠殺；幾天後，勝利者在此舉行了盛大的「終結典禮」，並砸爛了王座、神殿和刻板。馬雅城內的一些貴族逃到了附近的Aguateca城，這是一個有巨大裂縫環繞的天然要塞。他們在那裡苟延殘喘了四十多年，但最後還是沒有逃出敵人的魔爪，最終慘遭滅頂之災。

西元八〇〇年左右，Aguateca已成為一座名副其實的鬼城；到了西元八二〇年以後，馬雅人捨棄了這片千年間建立了無數城市的佩藤雨林，再也沒有返回這片文明的發源地，馬雅文明從此就真的毀滅了。

時至今日，仍有兩百萬以上的馬雅人後裔居住在瓜地馬拉低地以及墨西哥、貝里斯、洪都拉斯等處。但馬雅文化中的天文、曆法、象形文字等知識，已經消失殆盡。

相關連結——契琴伊薩遺址

契琴伊薩城建於西元四三五年，素有「羽蛇城」之稱，它位於墨西哥猶加敦半島東北部。在西元十一至十三世紀，契琴伊薩城的發展達到頂峰，是古代中美洲馬雅文明的三大城市之一。西元十五世紀，這座城市被廢棄，現今發現的遺址是其後期的建築。

契琴伊薩遺址占地五平方公里，南北長三公里，東西寬兩公里，有各種建築數百座。在歷經了短暫的輝煌之後，契琴伊薩神祕地湮沒在中美洲的叢林之中，因此它成為世界上最具吸引力的古代文明遺跡之一。

契琴伊薩的建築物上，到處都有「羽蛇」形象，這是因為馬雅人一直崇拜羽蛇神和雨神，庫庫爾坎金字塔（Kukulkan）就是馬雅語「羽蛇神」的意思。庫庫爾坎金字塔占地三千平方公尺，高三十公尺，塔身高大巍峨，四周是陡峭的階梯，兩面已風化無法通行，另外兩面經過整修，現在可供遊人攀爬。每個臺階高半公尺，但卻只有十公分左右寬，僅放得下半隻腳。

神殿內的拱頂反映了當年馬雅人高超的建築工藝，即使是全用石頭搭建的拱頂，也經受住了千年的風雨侵蝕，基本沒有損壞。馬雅人在修建宗教建築時，往往會融入豐富的天象知識，庫庫爾坎金字塔也不例外。金字塔的四面臺階加起來共有三百六十四級，再加上塔頂的神殿，正好與全年天數吻合。據說每年春分、秋分的日落時刻，陽光照射在金字塔的邊沿，形成的影子連同塔底雕刻的蛇頭，如同一條巨大的羽蛇蜿蜒爬行，「羽蛇城」也因此得名。

金字塔東面，是建立在四層基座上的氣勢恢弘的武士廟，武士廟南側是千柱林。相傳一排排圓柱支撐著的寬大屋頂，是當時契琴伊薩的商業中心，也是馬雅遺址留存下來的少數不以宗教為目的的大型建築。

金字塔的西側是馬雅人的球戲場。但這裡絕不是娛樂嬉戲的場所，而是馬雅人拉開向神獻禮序幕的場所。球場兩側有貴族和祭司觀看比賽的坐席。兩隊隊員在比賽中用胯部擊球，將球撞入球場牆上高懸的石圈內。入球多的隊贏得比賽，而勝利的隊長將光榮地被挖出鮮紅的心臟，作為獻給神的祭品擺放到石雕恰克摩爾神像的懷抱中。儘管這種遊戲非常殘忍，但卻在馬雅人中流傳了上千年。

十三世紀時，契琴伊薩古城突然被廢棄了，這個昔日馬雅人最大、最繁華的城市，從此就逐漸被熱帶雨林所吞沒。究竟是什麼原因使這座古城突然消失？至今仍是研究者們的探索之謎。

復活節島的發現

一七二二年，復活節的下午，荷蘭人羅赫芬（Jacob Roggeveen）率領一批來自於歐洲的水手，第一次登上了孤懸於太平洋東部、智利玻里尼西亞最東的一個小島。到了島上之後，他簡直不敢相信自己的眼睛：島上遍布著數以百計的巨大石雕像，都是一副冷漠的神情，從正面、側面及各個不同的角度注視著你，使人不寒而慄，並且長著奇形怪狀的長耳朵。

由於發現小島的那天是耶穌復活節，於是小島就被命名為「復活節島」。

島上的石雕

復活節島上，最神奇的是那些巨大的石雕。島上有大約六百座以上的大石雕像，以及大石臺遺跡，其朝陸方向，還有露天的庭院。某些庭院建築非常巧妙。

一八八六年、一九一四年和一九三四年，考古學家分別對復活節島進行了調查。一九五五年，開始對復活節島進行考古發掘，結果發現島上存在三個明顯的文化時期。

早期主要有在塔海（Tahai）、維納普（Vinapu）和阿納克納（Anakena）的大石臺，碳定年法測定約在八世紀。阿納克納石臺的牆，在一九八七年挖掘出以前一直埋在地下。在對阿納克納的發掘工作中，可以發現多種石像是在早期雕刻的，其中有種較小的中期胸像原型，與中期胸像的主要差異是圓頭和粗壯的身軀；另一種形式是一尊寫實主義雕像，是跪著的全身人像，臀部坐在足跟上，雙手放在膝上，這些石像具備南美洲蒂亞瓦納科（Tiwanaku）的前印加人時期紀念物的各種特點。

中期則在大石臺內建造了墓室，石雕像體積也越來越大，細而高的胸像和細長頭的部有用紅色凝灰岩製作的很大的圓柱形頭飾。中期石像的高度大多在三～六公尺左右，而立在石臺上的最大石像約十公尺高，由重約八十二噸的一塊石頭雕成，頂上的頭飾就有十一噸重。如今，這座石像的部分已埋在石場下面很深的淤泥中。而一座未完成的最大石雕像約二十一公尺高，背部靠在岩石上。經考證，這些石雕像代表死後被奉為神的一些重要人物。中期石雕像都是用拉諾拉拉庫（Rano Raraku）火山口湖岩壁中特有的黃灰色凝灰岩製成。在火山口碗形地帶內外，還散布著許多未完成的石雕以及數以千計的粗糙石鎬，這證明雕刻工作是突然中斷的。

中期石雕胸像還有一個的特殊現象，即有捕鳥人隨從禮儀的鳥神膜拜儀式。這一現象一直延續到第三期，即晚期。儀式的中心是拉努科山上的奧隆戈村（Orongo），村裡都是石屋，這些石屋及相連的有屋頂入口的環形磚房，是該島早期和中期的特點。雖然在其他地方沒有這種房屋，但在南美洲的鄰近地區這種房屋卻很常見。

島上的這些石像是什麼人雕刻的呢？究竟象徵著什麼？人們又是如何將它們從採石場運往幾十公里外的海邊呢？至今還沒有答案。

雕像製作的傳說

關於復活節島上的石雕像，考古學家透過研究，提出了幾種說法。

一種說法認為，這些石像是島上的人雕刻的。他們是島上土著人崇拜的神，或已死去的各個酋長、被島民神化了的祖先。

認同這種說法的人比較多，但也有一些專家認為石像的高鼻、薄嘴唇都是白種人的典型面部特徵。島上的居民是玻里尼西亞人，他們的長相沒有這個特徵。雕塑是一種藝術，總會蘊含著那個民族的特徵；而這些石像的造型並沒有玻里尼西亞人的特徵，那麼，它們就不會是玻里尼西亞人的祖先，雕像也就不可能是他們製作的。

此外，考古學家分析發現，島上的人很難使用那時的原始石器工具完成這麼大的雕刻工程。經測算，在兩千多年前，島上可提供的食物最多只能養活兩千人。在生產力低下的石器時代，人們必須每天努力去尋覓食物生存，哪裡還有時間去做雕刻呢？況且，這些石雕像的藝術性很高，即使是現代人，也不是每個人都能做的。可是石器時代的玻里尼西亞人，是怎樣完成這些雕像的呢？

還有一種說法稱，石像不是島上人雕刻的，而是比地球人更有智慧的外星人製造的。他們為了某種目的和要求，選擇太平洋上的這座孤島，建造了這些石像。但很多人反對這種說法，因為沒人會相信比地球人更進步的外星人會使用那些原始的石器工具來完成這批雕像。

此外，山上還有幾百個未完工的石像，對此專家分析後認為，這可能是在雕鑿過程中遇到了堅硬的岩石，無法繼續雕鑿下去而放棄的。因為當時是用石製工具雕刻，在製造石器工具時，就要盡可能地選用最硬的石塊。但在雕鑿過程中，也可能會遇到很硬的岩石，那就只能放棄。因此，這些未刻完的石像並非遇到什麼災變性事件而突然停下的，而是在雕製過程中逐步被放棄的。

不過，岩石學家並不完全同意這種看法。他們解釋說，也可能雕刻石像的人花費了很大的勞力和時間，把石像雕成並豎立起來，但最後又被地震震倒了；再豎起新雕的，又被震倒了。雕刻的人認為這是上天或神的懲罰，不讓他們再做下去，因此都停了下來。只是，這些猜想目前也只能是猜想，沒有人提出答案。

玻里尼西亞人的風俗

考古學家根據復活節島上居民的語言特徵，認為復活節島人最初是從玻里尼西亞的某個群島上遷移過來的，玻里尼西亞人又從哪裡來呢？有人曾認為他們來自南美洲，但現在更多的科學家認為他們來自亞洲東南部。古代的亞洲人從東南亞出發，經過漫長歲月，途經伊里安島、所羅門群島、新赫里多尼亞島和斐濟群島等島嶼，大約於西元四世紀至五世紀，最終到達復活節島。

到達復活節島後，玻里尼西亞人也將雕鑿石像的風俗帶到了該島，於是雕鑿了大量的石像。而據科學家考證，復活節島上的石雕像並非代表神，而是代表已故的大酋長或宗教領袖。在古玻里尼西亞人心目中，只有這些人才具有無比強大的神力，可以保佑他們的子孫。

科學家根據雕鑿現場留下的遺跡，認為古玻里尼西亞人是這樣運輸石像的：在鑿好的道路上鋪滿茅草和蘆葦，然後用撬杆、繩索將平臥的石像搬到「大雪橇」上，再用繩子拉著「大雪橇」。到達目的地之後，再用繩索和橇杆將石像豎立在事先挖好的坑裡。一九六〇年，美國考古學家曾帶領島上居民採用這種方法，成功地將七座十六噸重的石像豎立起來。

科學家們經過考察認為，大約在一六五〇年，復活節島上的兩大集團——肥人（"stocky" people）和瘦人（"slim" people）發生了激戰。被迫從事石像雕鑿工作的瘦人起義，並採用迂回戰術，突然襲擊肥人，將肥人全部消滅。於是，石像雕鑿工作也就中途停下來了。

當然，有關復活節島上石像的祕密還不能說完全揭開，因為仍有許多問題有待科學家們進一步研究。

延伸閱讀——復活節島是世界的肚臍

復活節島是智利的一個小島，距智利三千六百多公里，像漂泊在萬頃碧波之上的一葉孤舟。島上的居民稱這個小島為「石像的故鄉」；或稱「Te Pito Kura」，意為「世界的肚臍」。對於「世界的肚臍」這種叫法，一開始人們並不理解，直到後來太空人從高空鳥瞰地球時，才發現復活節島孤懸在浩瀚的太平洋上，確實像一個小「肚臍」。難道古代的島民也曾從高空俯瞰過自己的島嶼嗎？如果真是如此，那又是誰、用什麼飛行器把他們帶到高空的呢？不過，這個「世界的肚臍」並不是指全島，可能僅指島上的火山口，那就沒什麼神祕之處了。而且據語言學家考證，這個稱呼的準確含意可能是「大地的盡頭」。

復活節島有很多奇怪的地方，它位於南緯二十七度，屬亞熱帶，氣候相當暖和，是在大約一百萬年前海底的三座火山噴發形成的。在理論上，小島應該和其他玻里尼西亞人的島嶼一樣是個天堂樂園，但這裡卻是一座荒島。

昌昌古城遺址

位於祕魯西北部太平洋沿岸、拉利伯塔德省特魯希略城（Trujillo）西北四公里的沙漠地區的昌昌古城，有「城堡之城」之稱。「昌昌」在當地土著的語言裡，可以意譯為「太陽太陽」。古城遺址占地十八～二十平方公里，最盛時居住十萬人，曾是祕魯大城邦。現為世界最大的土城遺址。

昌昌古城建於十一世紀，是古代美洲奇穆王國（Chimú）的都城。十六世紀，西班牙殖民統治者侵占了這裡，大肆掠奪並對該城進行了破壞。昔日繁華的昌昌古城，便變成我們今天所見到的一片荒漠、斷壁殘垣。

世界上最大的土城

昌昌古城早在西班牙人入侵時就已被發現。三百多年前，殖民者搜尋翻掘城中的建築物，挖掘陵墓，將城中的貴重物品搜括一空。據說十八世紀西班牙國王結婚時，祕魯殖民總督就裝了一船昌昌出土的金器文物發運歐洲進貢。從那以後，就不斷有人來昌昌「掘金」，這也加速了城堡的敗壞。

直到十九世紀末，相關人員才開始進行保護性考古，但此時的古城已被搗毀得面目全非了。後來，一位瑞士歷史學家對古城進行了修復，此後又有美國、西德和本國的考古學家對古城進行了有益的工作，陸續修復了一部分古堡。而歷次出土的文物也非常豐富，木乃伊、陶器、金狗等殉葬品，都陸續從古城中發掘出來。

在昌昌古城中，城垣之內都有各自獨立的城堡，每個城堡和官殿還都有自己的城牆。如今能看出坯形的城堡有九個。殘留的一段城牆高七公尺，長四百四十公尺，據說原牆最高的達十五公尺。城址中心內的道路網縱橫交錯，可以看出城市曾經被建設得井然有序。街道兩旁還有宮殿、祭壇、寺廟、花園、住房、市場、監牢、糧庫等。

在昌昌古城內，不論是城牆還是房屋，一律都看不見石頭，全部用土坯疊成。土坯有大有小，依不同建築物而定，常以「品」字形逐層砌造，以防地震破壞。一九七〇年，祕魯發生大地震，後人修復的城牆不幸倒塌了，可殘存的古牆卻毫無損傷。這些斷垣殘壁歷經五六百年風吹雨淋而不蝕，有何祕訣呢？

原來，築牆用的土坯都是用黏土、貝殼和砂粒磨成細粉後，再混和滲水成型，以火焙燒而成。成品呈紫紅色，堅固程度絕不次於現代的混凝土。當地氣候乾燥，幾乎終年無雨，更使土坯長久不敗。土著避開遠地採石的困難，利用當地最豐富的砂土、貝殼為建築材料，聰明程度可見一斑。

昌昌古城全城占地約三十六平方公里，中心地帶六點五平方公里，其中包括十個長方形的城堡。目前，古城也只是被挖掘出來很少的一部分。專家們相信，還有大部分的城牆和古物被掩埋在沙石下面，長時間的發掘才能使它們重見天日。

莫奇卡金字塔

一九八七年，考古人員在莫奇卡河谷接近沿海的地方，發現了大批壯觀的金字塔。這些金字塔之所以這麼晚才被發現，是因為它們全部都是用泥磚砌成的，而且時代非常古老。由於受到嚴重侵蝕，外表看來幾乎很難辨認出它們是人工建築。其中，最大的一座金字塔名叫太陽金字塔，因為它是在太陽峽谷中被發現的。太陽金字塔高約四十多公尺，事實上原本比這個高度還要高，但因遭到風化的侵蝕和盜寶者的破壞，現在已經變矮了很多。它的基座面積達五點四四萬平方公尺，遠遠望去如同一座巨大的土山。在塔的二十三公尺高處，還有一個平臺，平臺高約十八公尺。

經推算，當年人們為建築這座金字塔，估計用去了一點四億多塊磚坯。這座金字塔是西班牙人來此之前美洲最大的土坯建築，也有人認為，它在剛剛被建成時，很可能就是美洲最大的人造建築物。

在太陽金字塔附近，還有一座略小的金字塔，人們稱其為月亮金字塔。這兩座金字塔大約建於同一時代，有些建築學家甚至認為兩座金字塔屬於一個整體，其建造可能與葬祭有關。

而最令人驚訝的是，考古學家發現，這兩座金字塔的建造年代大約是西元三世紀到五世紀年間。也就是說，它們比奇穆王國的年代更早。既然這樣，那這兩座金字塔到底是什麼人建造的呢？

經過考古人員長期的研究發現，兩座金字塔的建造者應該是一個名為「莫奇卡」的南美古代民族。莫奇卡人興起於西元前兩百年，繁榮於西元一至八世紀的祕魯北部沿海地區。他們曾沿著祕魯海岸建成了一個綿延三百五十公里長的國度。可以說，莫奇卡人是奇穆人在文化上的先驅，奇穆人後來使用土坯建築，就是從莫奇卡人那裡學來的，因此莫奇卡人曾被稱做原始奇穆人。但是，他們似乎又不屬於同一個民族，因為奇穆人的帝國興起之前兩百年，莫奇卡人就已經消亡。

莫奇卡文化消亡之謎

既然莫奇卡人是奇穆人的先驅，那麼為什麼在莫奇卡人消亡兩百年之後，奇穆文化才出現呢？奇穆人到底是不是莫奇卡人的後裔呢？可惜這個問題沒人能解答。

在莫奇卡文化剛剛發現時，有人認為他們就是原始奇穆人，因為這兩種文化確實非常相似。從不用石頭和磚塊而用獨特的土坯建築，到後來的陶器和金銀器的製造技術，都如同一脈相承。但是，這種觀點有一個最大的問題，就是莫奇卡文化消亡兩百年之後，奇穆文化才出現，這中間的歷史斷層是怎麼回事呢？

其次，又是什麼原因造成了莫奇卡文化的終止呢？當然，最簡單的一種觀點就是因為自然災害。有人認為，自從六世紀以來，這裡就開始遭受長期的乾旱，再加上後來的地震、洪水和沙塵暴等，更逐漸使這裡原本肥沃的土地變得貧瘠不堪，最終導致人們無法生存。如果真是這樣，那為什麼後來的奇穆人就能在這裡生活並建立強大的帝國呢？

也有人認為，是來自安第斯山區的部落，可能是瓦里人（Huari）從東部入侵，最終毀滅了這個祕魯沿海的古文化中心。如果這種說法成立，那麼瓦里人為何沒有在沿海地區留下任何痕跡呢？因此這種說法也略顯勉強。

還有一種說法認為，在祕魯沿海還存在著另一個強大的文化核心，它從南向北推進，從而湮沒了莫奇卡文化。那麼，這個強大的民族是否就是奇穆人呢？如果是，他們的出現為什麼要晚兩百年？如果不是，那又是什麼人？

總之，不論是莫奇卡人還是奇穆人，他們都沒有留下任何文字記載，又都在與世界其他主流文化接觸之前就已經銷聲匿跡，因此，這個謎團不知何時才能解開了。

點擊謎團——哥斯大黎加的大石球

古代曾有三萬多名印第安人，生活在位於中美洲南部的哥斯大黎加。一九三〇年代末，美國人喬治·奇坦（George Chitan）在該國人跡罕至的三角洲熱帶雨林及山谷、山坡上，發現了兩百多個如同人工雕飾的石球。這些石球大小不一，大的直徑有幾十公尺，最小的直徑也有兩公尺以上，製作工藝堪稱一絕。加拉卡有一處石球群的石球竟然多達四十五個，另外兩處分別有十五個和十七個。這些石球有的排列成直線，有的略成弧線，沒有一定的規則。

這些石球引起了人們極大的興趣，科學家開始對它們進行認真的測量，發現這些石球表面各點的曲率幾乎完全一樣，簡直就是一些非常理想的圓球。有人推測，擺放在墓地東西兩側的石球可能代表太陽和月亮，或其他圖騰標誌。

對大石球做過周密調查的考古學家確認，這些石球的直徑誤差小於0.01，準確度接近於球體的真圓度。從大石球精確的曲率可知，製作這些石球的人，肯定具有相當豐富的幾何學知識和高超的雕鑿加工技術，還要有堅硬無比的加工工具及精密的測量裝置，否則，根本不可能完成這麼出色的傑作。但是，在遠古時期，打磨如此碩大的石球必須付出艱巨的勞動，從採石、切割到打磨，每道工序都要不斷轉動石塊，而每一步都不是一件容易的事。僅憑一些簡陋的原始工具，怎麼能完成得這麼完美呢？

由於難以找到確切的答案，有人就根據當地印第安人流傳的傳說，認為外星人曾乘坐球形太空船降臨這裡，這些大石球是外星人製作的，並按照一定的位置和距離進行排列，布置成模擬某種空間天象的「星球模型」。但是，又有誰能理解這個「星球模型」的真正涵義呢？又有誰能知曉在這些大石球中，哪一個代表這些天外來客生活的故鄉呢？因此，這個觀點也需要繼續求證。

奧爾梅克巨石頭像

三千多年前，在地球上大多數角落仍然處於蠻荒時期時，美洲的墨西哥灣海岸上就出現了奧爾梅克文明；但到了西元前九百年，不知是什麼原因，他們突然消失了，而今天發現的遺跡中，也沒有發現他們任何遭到外敵入侵的痕跡。

多數人認為，奧爾梅克文明是中美洲文明的始祖，它為之後社會提供了許多文明財富：有恢宏宮殿的殘骸，有奇特的陶器，有人形美洲虎圖案……但最卓著的，應該還是奧爾梅克特有的雕像，這些雕像以巨大的石頭頭部雕像工藝見長，大都雕刻著厚厚的嘴唇和凝視的眼睛。科學家認為，這些雕像很可能是當時帝王的紀念碑。

神祕雕像引出奧爾梅克文明

一八六二年，位於墨西哥南部的特雷斯．薩博特斯（Tres Zapotes）地區，當地一名製糖作坊的工人無意中發現了一尊玄武岩雕刻的巨型人頭象。起初他們還以為是個倒置的大鐵爐，直到被完全挖出時，才發現這是一個驚人的石雕作品：厚厚的嘴唇，扁而寬的大鼻子，顯然是個強壯的印第安人頭像。

一九三八年，墨西哥考古學會組織的一支考古隊，在拉文塔族森林裡又發現了十一顆巨石頭像，其中最重的可達二十噸。獲得這一有價值的線索之後，考古學家們繼續努力，最終在墨西哥灣沿海地區發現了兩處遺址：一處是拉文塔；另一處是特雷斯．薩波特斯。根據C-14測定，這兩處遺址至少出現於西元前一千三百年，這也是當時中美洲發現的最早文明遺址。

二十多年後，又一重要遺址——聖洛倫佐遺址被發現。而這三處遺址，都是古代墨西哥的奧爾梅克人居住的地方，從此奧爾梅克文明的「內幕」逐漸為世人得知。

此後，又有一系列的奧爾梅克工藝品出土。一九四〇年，美國考古學家馬休．史特林(Matthew W. Stirling)，在拉文塔 (La Venta) 廢墟發現了一塊雕刻著「蓄鬍男子」肖像的石碑，這就是舉世矚目的奧梅克雕像。石雕的一面刻著馬雅風格的年代標誌，另一面則是一張奧爾梅克風格的貓臉。經過鑒定，這件石雕完成於西元前三一年，比人們當時所熟知的馬雅文明還要早好幾個世紀。由此可以斷定，奧爾梅克文明是迄今為止發現的中南美洲最古老的印第安文明。

考古人員陸續發現了不少奧爾梅克的雕像，而每一尊雕像都遵循統一的套路：一個年近中年的男子，一張豐滿而令人生畏的臉，一個又寬又平的鼻子，一副豐滿的嘴唇。而每一尊頭像，還都緊緊地帶著一頂盔甲似的的帽子，帽帶繫在下巴上，其中幾頂還有耳塞。全部雕像都沒有上漆。雖然它們的大體風格相似，但在整體型狀和具體的面部特徵上，尤其是頭飾的細節上，還都迥然不同。這些差異主要表現在石材的不同特點、各地肖像的不同風格和特定工匠的不同技藝。但許多考古學家認為，這些頭像實際都是肖像雕刻。從前面看，頭像都呈典型的圓形。事實上，它們從前面到後面大體都是平的，而且後面部分通常都沒有完成。

大部分巨石頭像的高度都在一點四七～二點八五公尺之間，最高的可達三點四公尺。頭像重量也在八到十三噸之間，而最重的則可以達到五十噸。

雕塑藝術的全面發展

奧爾梅克人還用綠玉或黑玉雕出許多小型的人像、動物形象或一些小雕像。奧爾梅克人喜歡用翡翠綠玉做各種珍貴的禮器、宗教用具和裝飾品，這也是奧爾梅克文明的一大特色。

在奧爾梅克人看來，最為貴重的物品就是玉石，它代表著「第一流的無上的體面」，因此綠玉也成為「珍貴」和生命自身的同義詞。奧爾梅克人雕刻出來的小型石像晶瑩圓潤，玲瓏可愛。這些玉石人像以裸體直立的站相和五官俱全的面具最多，有的小人像胸前還綴有一面用黑曜石鑿成的鏡類飾物，即使在三千多年後的今天仍能閃閃發光。最值得注意的，是一批作為宗教禮儀用具的灰白、墨綠或碧綠色的石手斧，這種手斧表面極其光滑。

在玉雕作品中，最常見的是一種帶有美洲豹頭部特徵的神像，該神像是人的身形（有時故意表現為小孩的身形），學者們稱之為「豹人」或「豹娃」。美洲豹是奧爾梅克人崇拜的主要天神象徵，因此這個神的形象常常會兼具人和豹的特點。

奧爾梅克人的這些作品既反映了他們獨特的宗教信仰，又形成了一種方正凝重、深厚圓潤的風格，從而成為奧爾梅克文明和藝術的典範。他們的石雕藝術為後來的馬雅人所繼承，在馬雅文明時期，玉石製品和玉石圖像遍及整個馬雅地區。

在奧爾梅克文明的早期，奧爾梅克人還製作過陶器，主要是以灰黃色的粗砂陶為主，均為手製，器形較厚，表面一般沒有什麼裝飾。大約到了西元前一千年至西元前八百年，製陶技術才大有進步，出現了具有馬雅文化特徵的黑色陶器。這種黑色陶器以缽形器和壺形器為主，器壁仍然較厚，表面先經磨光，然後再刻出富有代表性的花紋。

對奧爾梅克文明的推測

奧爾梅克人雖然製作了很多巨石人像，而且製作手藝精巧，石像神態惟妙惟肖，但事實上，他們生活的地方並不盛產石頭，製作大型石雕像的巨石必須要從幾十甚至幾百公里外的圖斯特拉山運來。可以想像，這項工程的工作量有多麼巨大，需要動用的勞動力有多少。

無疑，這一極其艱巨的任務肯定是由下層民眾承擔的，上層統治者是不可能去做這樣的工作的。而巨石運到目的地後，再由工匠將之雕刻成形。由此可見，當時奧爾梅克人中已經出現了等級和社會分工，已有國王、祭司（國王、祭司往往是同一個人）、農民和手工藝者等。從某種意義上可以認為，馬雅人和阿茲特克人社會生活中的權力政治正是奧爾梅克文明的延續和發展。

隨著社會和國家的形成，奧爾梅克作為國家體系中的意識型態——宗教信仰，也逐漸發展起來。從各種各樣的石雕像中可以看出，奧爾梅克人主要崇拜美洲豹。美洲豹是當地最兇猛的動物，而奧爾梅克人將美洲豹視為世界的主宰，並把它當作力量和智慧的象徵。

同時，奧爾梅克人還用活人（兒童）祭祀地神和火神，以祈求風調雨順。在進行祭祀典禮時，奧爾梅克人會舉行各種各樣的娛樂活動，如當祭祀典禮進行時，他們往往用橡膠製成球，玩球嬉戲。這表明奧爾梅克人其實具有很強的創造力，社會生活也非常極其豐富。

由於生活的地區土壤肥沃，雨量充沛，奧爾梅克人已開始放棄以採集和狩獵為主的生活方式，改為耕種農作物。種植的作物有玉米、馬鈴薯和藜麥等，其中玉米是奧爾梅克人的主要種植作物。據考證，奧爾梅克人可能是最早種植玉米的人。

西元前八百年左右，當墨西哥灣沿岸出現奧爾梅克文明，祕魯出現查文文明時，「形成」期的中美洲文化，包括製陶術和玉米種植，就已逐漸傳遍了從中美洲到祕魯在內的整個「核心美洲」。因此可以說，中美洲是最早種植玉米的地區，而奧爾梅克人則是玉米的最早種植者。在奧爾梅克人創造的基礎上，馬雅人繼續發展和提高了玉米的種植技術，使玉米這種原來河谷中的野草經馬雅人的培育，變成了甜美而富有營養的美食；同時，馬雅人的肉食相對較少，他們的果腹之物主要就是玉米，因此他們也稱自己是「玉米人」，而他們的文明也被稱作「玉米文明」。奧爾梅克人的主食除了玉米外，還有一些肉食。考古學家從考古發現，奧爾梅克人大部分都以家犬和火雞為食，同時也

吃一些野鹿和魚、鱉等。

歷史側影——神祕的莫切文明

兩千年前，一個神祕而又鮮為人知的民族主宰著祕魯的北部沿岸。他們在沙漠中建造起了宏偉的金字塔，其規模完全可與古埃及的大金字塔媲美，這個民族就是莫切（Moche）。

通常認為，祕魯的印加文明、墨西哥的阿茲特克文明和中美洲的馬雅文明，是美洲最早的三大古印第安文明。在哥倫布抵達美洲之前，這三大文明就已經發展先進，並在農業、天文、宗教和世術等方面取得了輝煌成就；然而，祕魯考古學家的發現，早在印加帝國出現前一千年，莫切人就已在祕魯創立了國家，建立了先進程度絕不亞於後來三大印第安文明的莫切文明。

莫切文明是在祕魯北部城市特魯希略附近的瓦卡德拉盧納小城發現的。如今，瓦卡德拉盧納小城已被認定是當年莫切人國家的中心，並已確定了整個城市的大致範圍。莫切文明這個埋藏了一千五百年的祕密，也日益清晰地展現在我們面前。

莫切人沒有文字，因而遺址和文物是研究這一文明的唯一線索。對已發現的遺址和出土文物進行研究，考古學家認為，莫切人城市的中心是一座高大的金字塔，金字塔通體由燒製的陶磚砌成。塔頂上建有神殿，神殿內壁有色彩鮮豔的壁畫，畫的都是莫切人信仰的神。

神殿周圍都是居民住宅，社會等級越高的階層，住得離金塔越近；最遠處則是農舍。莫切人為自己的農田建設了完善的灌溉系統，除了種田，還透過捕魚來獲得食物。莫切人的手工業極為發達，目前出土的文物中還有各種陶製盤、壺、瓶、罐、以及黃金、玉石、琥珀製成的裝飾品等。

莫切人的社會等級森嚴，處於最頂端的是國王，與古埃及的法老一樣，也被認為是神的化身。國王以下是祭司，是社會的特權階級。處於最底層的是農民、漁民和手工業者。

莫切人為了祈求風調雨順，經常會以活人來祭祀創造神 Al Paec。他們會挑選兩名最強悍的武士進行一場決鬥，勝者將獲得穿上鑲滿金片獸皮披風的榮耀，敗者則被拉上金字塔頂的神殿作為祭品。祭司們殺死這個可憐的武士，並喝下他的鮮血，象徵著雨水潤澤大地。

這一野蠻的祭祀方式，大致起始於西元元年，共持續了近八百五十年，隨後逐漸消亡。但他們的建築與製陶工藝和用活人獻祭的宗教習慣，此後在印加人、馬雅人和阿茲特克人的文明中保留了下來。

至於莫切文明消亡的原因，目前還是個謎。有人認為可能是聖嬰現象，導致莫切文明滅亡。由於海水升溫，莫切人所在的地區逐漸變得炎熱乾旱，同時漁業也受到了影響。乾旱毀了莫切人的經濟，也隨之毀了莫切文明。但是這種觀點目前也沒有確切的證據，還需要進一步的研究。

神祕的納斯卡圖案

在祕魯共和國西南沿海伊卡省的東南部，有一為名為納斯卡的小鎮。這座鎮很小，稀稀落落地散居著近百戶人家，祖輩以捕魚為生，過著恬淡的生活。在小鎮的東面，是綿延巍峨的安第斯山脈，它們之間橫亙著一片廣袤的荒原，面積約兩百五十平方公里，當地人稱其為納斯卡荒原。一直以來，這片不毛之地都覆蓋著一層厚厚的赭色沙石，因此這裡也是寸草不生，被人們稱為「鬼地」。

然而，就在二十世紀中葉，考古學家在發現了諸多神祕的圖案——納斯卡圖案。

考古隊的驚人發現

二十世紀中葉的一個夏季，一支祕魯國家考古隊來到了納斯卡荒原。他們已經在茫茫無際際的荒原上考察了好幾天，卻毫無收穫。大家一個個都很疲憊，也心灰意冷。

一天傍晚，落日的餘暉給納斯卡荒原罩上了一層神祕的色彩。當考古隊員們三三兩兩地仰臥在光滑的岩石上休息時，一名隊員出於職業習慣隨手就扒開了眼前零碎的亂石。突然，他發現石頭底下隱藏著一條顯然是經過人工挖成的「溝槽」。他的驚呼聲也將其他人從昏睡中喚醒，大家都細細察看：「溝槽」裡竟然填塞著無數如同生鏽鐵塊一樣的石子！

這一偶然發現激起了考古隊員極大的興趣，他們立即緊張地投入到發掘工作之中。經過深入發掘，考古人員發現這些「溝槽」的深度約為九十公分，寬度卻不盡相同，有的寬度只有十五公分，有的卻可達二十公尺。尤其令考古人員難以理解的是，這些「溝槽」的形狀和走向非常奇特，有的舒展飄逸，有的卻短促頓挫，有的宛轉彎曲，有的卻彷彿直通天際，簡直就是真是鬼斧神工，捉摸不透。

神奇的「溝槽」圖案

這些「溝槽」有什麼作用呢？又是什麼時候由什麼人挖成的呢？考古學家特意乘坐飛機對納斯卡荒原進行了空中攝影和觀察。而當他們從高空向下俯瞰時，眼前的景象頓時令他們瞠目結舌：荒原上的「溝槽」並不是一開始猜測的灌溉管道，也不是地表的裂溝，而是一幅幅綿亙無垠的圖畫！這些畫中的每根線條都是將荒原表面的陽礫石挖開後形成的。其中一些「溝槽」所組成的線條平直而有規則，構成大小不同的三角形、長方形、梯形、平行四邊形和螺旋形之類的幾何圖案，如同是經過精心的設計計算後才開挖的。

比如：有的三角形圖案約幾公里，而圖案設計的角度卻相當精確，誤差僅在十公分之內；有的圖案呈星狀，線條向四面八方放射；有些縱橫交錯的線條，如同今天的機場跑道和標誌線的圖案，而跑道的寬窄和長短卻不一致，有的長達兩千五百公尺，有的則在五百公尺左右，筆直向前，轉角交叉處卻稜角分明，嚴密緊扣。

更令人驚奇的是，荒原中的圖案還有許多動物、植物及人的形象。從拍攝的照片上來看，這些形象都非常逼真，惟妙惟肖，堪稱傑作。而且，荒原圖案的大部分圖形都是單線勾勒的，線條從不交叉，人們可把任何一處作為起點，沿線走絕不會碰上重疊的路途。這些栩栩如生的圖像極為精確地每隔一定距離就重複出現，而巨大的動物圖案更是一再出現的全等圖形，同類圖案都一模一樣，分毫不差，就像放入用同一模具製造出來的同一圖案一樣。由於圖案的面積太大、線條簡潔，因此人們在地面上很難一時看出圖上是什麼東西，只有從空中向下俯瞰或航空攝影，才能清晰地分辨出它們的模樣。

納斯卡荒原的圖案是刻在黑褐色的地表石頭上的，向下刻鑿有十公分，然後露出黃白色的沙土形成淺淺的溝槽，以組成圖形，類似單線勾勒的白描畫。而這些圖案之所以能歷經滄桑而未曾被風沙銷蝕掉，是因為在地畫圖形上置放了有阻礙劇烈溫差與風蝕作用的小石塊。而關於圖案的製作時間，根據 C-14 測定，為西元前後到西元六百年左右。

早晨更顯壯美的圖案

一位研究人員曾在早晨登上附近的山崗觀察圖案，結果發現了意想不到的景觀：在朝暉的映襯下，荒原上的圖案更為壯觀綺麗，分外妖嬈。圖案中的飛禽走獸幾乎一下子都活躍起來，或淩空翱翔，或疾速馳騁，或游弋海底。然而當太陽逐漸升高後，圖案又杳然消失，歸於寂靜。

為什麼會有這樣的變化呢？研究人員經實地考察後證實，原來每段圖案的「溝槽」深淺和寬度都是根據旭日斜射率精確地計算出來的。由此可見，荒原圖案的製作者不僅是位卓越的藝術家，還應該是深諳光學的自然科學家。他們先精確地計算出了朝陽斜射的光線入射角度，然後在此基礎上再確定圖案中每根線條的深度、寬度以及相互間的距離。當這些先決條件都準備完畢時，只要朝陽升到一定高度，那些奇特的就會沐浴其中，構成一幅雲蒸霞蔚、氣象萬千的奇觀。

納斯卡荒原的圖案之謎曾一時轟動了全世界，很多人稱之為「世界第八大奇蹟」。有些人甚至認為，與世界七大奇蹟相比，納斯卡荒原的神祕圖案更顯得撲朔迷離。

那麼，這些圖案到底奇特在哪裡呢？它們又有什麼涵義呢？半個多世紀以來，研究人員對這一系列問題進行了深入的研究，但仍無確切答案。

是否為外星人的傑作

國外有些學者曾認為，這些荒原上的圖案會不會是「外星人」所做的呢？他們指出，那些平行四邊形應該是指引「外星人」飛船著陸的標誌或「跑道」，而荒原圖案中的一些不知其名的巨型動物，是現今地球上沒有的，而且也是遠古地球上所未曾有過的，那麼這些動物應該為外星球上特有的。這些圖案是外星人在地球上作為向其他「天外來客」傳遞資訊的一種標誌。

持這種看法的人還認為，這些神祕圖案的邊沿有許多都是用明亮石塊砌成的，高約三十公分到一公尺。而這些石頭在當地及附近也是根本無法找到的。如果不是「外星人」，又有誰能創造出這樣的壯舉呢？

同時也有研究資料表明，自從一九四八年以來，飛碟頻繁光臨南美洲。在一萬多起飛碟事件中，祕魯就占70％以上。有研究人員稱，在祕魯境內就有四個飛碟起落基地，其中納斯卡荒原應該是其當之無愧的大本營。經測試，納斯卡荒原表面無論用風鑽鑽，還是用炸藥炸，都絲毫不能損害它。而且，納斯卡荒原所處的地理位置也正好是世界上磁場強度最弱的地方之一。這種情況最適於宇宙來的飛行物省力地降落和起飛。很顯然，要確定這樣一處合適的降落點，不對重力和磁偏角進行精密的計算是根本無法辦到的。

不過，也有很多學者對所謂的外星人創作圖案的說法持懷疑和否定態度，認為這樣的推測是毫無科學根據的。

納斯卡人的天才創造

一些學者經過多年研究認為，納斯卡荒原圖案很可能是古代納斯卡人自己創造的。

古納斯卡人是古代南美印第安人中的一個部落，於西元前四世紀~西元六世紀期間生活在祕魯南部的沿海地區，曾創造出高度的文明。

古納斯卡的文化多以陶器花紋多彩、圖案新穎別致而出名。據考證，古納斯卡人是用螺旋黏貼技術來製作釉陶器，常見的器形就是敞口碗和提梁壺，色彩豔麗，造型古樸拙雅，在磚紅或橙黃的底色上繪以紅、黃、褐、紫、白、灰、黑等七種顏色，並大多以紅色為底色，以黑線條勾勒輪廓。

考古學家在納斯卡地區，也陸續發現了古印第安人燒製的大量陶瓷器皿的碎片，這些碎片上的圖案有些與荒原上巨畫的圖像非常相似。在距離荒原圖案不遠的地方，考古學家還發現了古印第安人的墳墓和建築遺跡。從一些納斯卡墓葬中出土的毛、綿織物來看，除了刺繡外，還有很多花毯、花緞的遺跡和花綢等，大多色彩豔麗，有差別的色調多達一百九十多種。而南部沿海皮斯卡附近出土的木乃伊套服，則被稱為「世界紡織品的奇蹟」，這些紡織物不僅做工精緻，而且尺幅之內圖案千變萬化，集中體現了古印第安人特殊天賦。

據考證，在人類文明史上，一種文明出現在自然條件極差的地區還不多見。埃及、中國、印度、美索不達米亞等這些著名古代文明，大多都是出現在比較開放的地區或大河河谷地區，另外還有一些地區，如柬埔寨、爪哇等地，也都是在熱帶雨林地區。那裡人類定居時間長，但文化發展持續的時間卻並不長；而納斯卡文化的產生和千年的發展，成熟和高峰時期都在熱帶的茂密林區，這一特點也著實令人稱奇。

聰明的古納斯卡人對宇宙系統的變換充滿興趣，因此花費了大量時間，傾注了極大的心血，琢磨日月星辰。儘管他們當時身處原始條件之下，但仍能採取積極的科學觀點去分析對待各種各樣奇特的現象，千方百計地尋找它的客觀規律。古納斯卡人正視天體觀察中可預見的週期變化，對季節有規律的運動及它們對農作物種植不同時期的影響，都進行了實地的觀察分析，因此也成功地建立起了非常複雜的思辨，用令人吃驚的準確性測定了天體的明顯運動，捕捉到太陽、月亮、金星的運轉規律。

納斯卡人的創造之謎

那麼，為什麼只有古代的納斯卡人才創造出了如此傑出的成就呢？

據考古學家研究，他們發現古納斯卡人居住的地方都有響尾蛇；而在南美洲的其他沒有響尾蛇的地方，當時的人們也沒有取得出色的成就。這種說法聽起來好像很神奇，但並非如此。

響尾蛇在古納斯卡人心中是極其神聖的，因此他們對響尾蛇身上的花紋進行了深入而多層次的研究。研究後發現，響尾蛇身上的花紋都是一些有規律的方形，而古納斯卡人的文化就是從對這些規律的方形開始發展起來的。

根據響尾蛇身上的方形，納斯卡人悟出了自然界的方形原理，並根據這來確定了東西南北四個方向。在目前仍然盛行用人去衡量一切事物、觀念的情況下，研究者們提出古納斯卡人用蛇去衡量、分析一切，並一度創造出一個高度的文明，確實也反映了研究人員的客觀求證，值得人們思考。

留下無數猜想的納斯卡圖案

對於古納斯卡人留下的這些神奇的圖案，歷史學家的看法也很不一致，多年來一直爭論不休。

有些學者認為，這些荒原圖案是古納斯卡人製作的一個巨大的天文圖，或是有某種特殊用途的年曆，因為其中有些「道路」（或說是線條）是指向至日（冬至或夏至）、太陽和月亮升起或落下的位置。古納斯卡人就是根據太陽升起和落下時，照射在哪條溝道線上的角度，來確定一年之中的四季和一天之中的時辰，有些圖案還可能是表示季節和時辰的特殊符號。

還有些學者認為，荒原圖案可能是一些具有實用價值的古地圖，圖中隱藏著打開祕密寶庫的鑰匙，一些巨畫甚至表明寶藏的所在，但一般人是無法知道它的真正奧祕。

還有學者認為，荒原圖案可能是古納斯卡人舉行盛大規模體育比賽的場所，而他們將一些動物或植物視為自己氏族的親族，所以對祖先的崇拜在大多數情況下表現為「圖騰崇拜」（「圖騰」為印第安語，意思是「他的親族」）。圖騰又被分為各個氏族的圖騰，由於當時生活在納斯卡地區的氏族很多，所以在荒原上製作的圖案也就很多。

而英國歷史學家漢斯．鮑曼（Hans Baumann）在其專著《祕魯的黃金和上帝》（*Gold and Gods of Peru*）一書中指出，古納斯卡人都相信靈魂不死的觀念，荒原圖案應該是他們為表達對死後天國的想像和憧憬而創作。

總之，研究人員對於納斯卡圖案一直都沒有提出一致的意見，而為了不讓遊人們把這些圖案踩壞，祕魯政府還特意採取了一些保護措施，專門設立了瞭望臺，供人們遠看。這些圖案只有在太陽初升時，趁著光線照射的一定角度和石塊的反射作用，才能看清楚。最好的方法是從空中向下看，現在祕魯在那裡特別設有航空旅行觀賞班機，由於圖案非常之大，只有在一定的高度，眼前才會出現氣象萬千、光怪陸離的景觀。

新知博覽——風動石

在中國福建南隅的東山島上，有一塊上大下小的巨石，長寬高都將近五公尺，重大約兩百多噸，坐落在一塊臥地磐石上，接觸面不到一二尺見方，海風吹來，微微晃動，彷彿是一個懸空的搖籃，人們看見它搖搖欲墜的樣子，膽戰心驚，然而它卻穩如泰山。

一九一八年二月十三日，東山島發生了一次七點五級的地震，山崩地裂，屋毀人亡，風動石卻安然無恙。日軍侵華時，曾用鋼繩套住巨石，開動軍艦，企圖把它拉倒，然而也是枉費心機，正如明朝詩人程朝京詠歎的：萬夫欲舉移不動，天風撼之動不休。

人們說：這是造山運動的傑作，之所以搖而不倒，是因為重心低和相貼面小的緣故。但是，石大底小，搖搖晃晃，重心偏低而又不斷轉移，何低之有？況且接觸面小，更容易放置不穩。

當然，兩百噸的巨石，終非人力所為，大自然在茫茫大海之上，製造了這樣一個靈動的奇蹟，是不是在表示一種永恆的召喚呢？

印加庫斯科古城

在祕魯安第斯山脈海拔三千四百一十公尺的地方，有一座古城遺址——庫斯科古城（Cusco）。這裡氣候宜人，林木蔥鬱，因而又有「安第斯山王冠上的明珠」的美稱。在奇楚瓦語中，「庫斯科」意為「肚臍」（或「世界的中心」）。十一世紀的印加帝國初期，皇帝曼科卡帕克（Manco Cápac）主持興建了這座城市。經過一系列的戰爭和征服之後，在遼闊的印加帝國時代達到頂峰時，庫斯科發展成為帝國的首都和神聖的城市，成為印加帝國的政治、經濟、文化及宗教中心。

西元一五三三年，西班牙殖民者入侵庫斯科，將城內的財寶文物洗劫一空。後來，城市在經過幾次地震和兩百多年的拉鋸戰後，受到了很大破壞；但城內有些印加帝國時代街道、宮殿、廟宇和房屋建築等，仍留存至今。後來，西班牙殖民者又修建了大批的屋舍，兩種建築風格融合，被譽為西班牙——印加的獨特建築方式。

庫斯科古城的昔日風采

庫斯科古城是用巨大的石塊建造，並與廣場接壤。根據印加人的傳說，庫斯科城最初是依照美洲豹的形狀建立，如今的輪廓仍依稀可見，頭部位於安第斯山脈的薩克塞華曼神殿（Saqsay Waman），中部是印加王宮，尾部則是貴族們的住宅。

庫斯科城之所以聲名顯赫，不僅因為它們精美堅固，還因為當初建造者那駕馭石頭的高超技能和獨特匠心。印加石匠和建築工人將安第斯的巨石切割成塊，讓每一塊石頭都能嚴密地銜接起來，從而建造出富麗堂皇的宮殿、廟宇和公共建築。令人不可思議的是，安第斯地區頻繁而又猛烈的地震雖然摧毀了很多現代人建造的巨型建築，但印加人建造的一些古建築物仍巍然屹立在祕魯高原之上。

庫斯科城中心是兵器廣場，這裡曾是印加帝國時期舉行慶典的地方。廣場的正中央聳立著印第安人的全身雕像。幾條狹窄的石鋪街道呈放射狀通向四周，街道兩旁仍矗立著許多用土坯建造的尖頂茅屋，其中很多石塊房基還是印加帝國的遺物。現在倖存下來的一些宮殿、廟宇和房屋等，大多都是由從九十公里外的安第斯山上採集來的巨石堆砌而成的。在勝利大街的印加羅加宮牆上，還有一塊著名的十二角形巨石，鑲嵌精巧，令人稱絕。

Coricancha 太陽神殿是城內最大的宗教中心，也是歷代帝王的居住場所。太陽神殿長七十公尺，寬六十公尺，整個建築呈長方形，並附有王宮和祭司的府邸。可惜這座神殿後來被西班牙殖民者摧毀了，現在其廢墟上還建有多明尼加教派的教堂。

太陽神殿附近還建有五座正方形的小神殿。太陽神殿與五座小神殿環繞在一個名叫太陽廣場的庭院周圍，庭院中有玉米地和五個噴泉。這裡種植的玉米是舉行盛大祭祀活動時供奉給太陽神的，印加帝王與王公貴族親自耕耘、播種和收割；五個噴泉的水源由埋在地下很深的黃金水管引入，據說是專供印加帝妃婚前沐浴淨身用的。泉水蓋用純金製成，上面雕刻有太陽神像。這個黃金水蓋後來被一個西班牙士兵掠走，而他在一個晚上的狂賭中又將這個金蓋輸掉。

在太陽神殿的西南部，有一座獻給太陽神的黃金花園，園內的花草樹木、飛禽走獸、人物等，全部都是用黃金和白銀製成的，甚至連田裡種植的玉米也都是用黃金製作的。

薩克塞瓦曼古堡

儘管庫斯科城遭受了三番五次的被毀又重建的命運，但城中仍保留著大量有價值的遺跡。一七九〇年，庫斯科整座城市被外敵占領。儘管這以後與波托西礦山息息相關的利馬享受著經濟發展帶來的繁榮，但庫斯科卻隨著利馬的興起而日漸衰落了。如今，庫斯科古城內的主要建築，是薩克塞瓦曼圓形古堡和大教堂。

薩克塞瓦曼圓形古堡世界聞名，在奇楚阿語中是「山鷹」的意思。它位於庫斯科北面一千五百公尺的高地上，是印加帝國最重要的城堡，也是迄今保存最完好的印加帝國遺跡之一。

古堡占地約四平方公里，主體由裡外三層圍牆組成。這些圍牆全用巨型石塊堆砌而成，每層高十八公尺，最外面的那道圍牆全長達五百四十公尺，牆身不是平直的，而是呈鋸齒狀，共有六十六個突出的銳角形牆垛。牆垛上的士兵可以利用這種陣地交叉投擲標槍，射殺來犯的敵人。

古堡的高處還有三座塔，上塔是圓柱體，塔內有溫泉。古堡下層臺階用石板鋪成，長達八百公尺。古堡地下有用石頭砌成的網狀地道，它和三座塔樓相通。古堡最高處是由三座塔樓圍起來的一個非常整齊的三角形。圓柱體主塔基層呈放射狀，其他兩座塔呈正方形，是駐軍所在地。據說，主堡是由印加王帕查庫特克（Pachacuti）於一四七〇年代開始動工修建的，持續了五十多年，直到西班牙殖民者入侵之前還沒完全竣工。

這裡也是印加王的行宮，這一宏偉壯觀的建築群也展示了印加帝國的強大。建築結構新穎而複雜，是美洲印第安人最偉大的古建築之一。

另一個主要建築是大教堂，大教堂頂端的福音鐘樓懸掛著一口一百三十噸重的大鐘，據說是南美大陸最大的鐘，鐘聲能傳到四十公里之外。

有專家認為，根據古堡的建築風格和技巧，應該是印加人來此地之前的某個不知名的民族，用一種現已失傳的高難度技術建成的。印加人對此也有一種說法，他們稱，這些四通八達的道路網和宏大的巨石建築，早在印加時代前就已存在，它們都是很久之前由維拉科查神（Viracocha）和他的信徒們建造的，而他們只是這些巨石建築的使用者與守護者，而維拉科查就是印加人在庫斯科太陽神殿被毀滅之前供奉的主神。但是，這些畢竟都是神話，古堡建築的修建者到底是誰，他們用什麼辦法建成了這座巨石古堡?至今還是個謎。

相關連結——印加帝國的太陽貞女宮

太陽貞女宮是印加帝國內的一處著名建築，印第安語稱為「阿克利亞瓦西」，是專門培養「太陽貞女」的地方。

這種機構在印加帝國境內隨處可見。太陽貞女宮的守衛十分森嚴，不許男子進入，違者處死。被選入太陽貞女宮的貞女，都被印加人視為太陽神印蒂（Inti）的妻子，因此都要貌美如花，舉止靈巧優雅，深居簡出，保持童貞。她們會獲派去為薩帕．印卡（Sapa Inca，古代印加帝國君主的稱銜）侍寢，或者終身保持童貞；還要負責替薩帕．印卡、王后製造衣服飾物，以及向印加各大機構提供器物飲食等。

庫斯科的「太陽貞女宮」在帝國境內規模首屈一指，它長一百二十公尺，寬六十公尺，可以同時容納兩百～六百名「太陽貞女」。太陽貞女宮為石建築物，占地很廣，四周都有高牆包圍，使外界無法看到內部的情況。太陽貞女宮內生活舒適，裝飾得如同印加王的宮殿及神殿那般富麗豪華。宮裡有一條可容兩人通行的狹窄巷道，巷道穿過整座宮院，兩旁有許多小房間，那都是宮中的工作間，當僕人的婦女在那裡工作。巷道盡頭最裡面的房間，就是太陽妻子所在之處，那裡任何人都不得進入。

宮院還有有一個主門，稱為正門，只有王后駕臨和接納進宮作貞女的女孩時才打開。巷道的起點是宮中的便門，通常有二十個守門男子，把宮中須運出的東西從二道門取出，把須要運進宮中的東西送到二道門。至於守門的男子，也都由閹人擔當。如果有男子闖入女館，不但該人要處死，連護衛官員也有相同下場。

自從西班牙殖民者踏上美洲大陸後，耶穌會傳教士也隨後而至，並於一五七一年在「太陽貞女宮」原址上建立起了多明尼加派的大教堂，「太陽貞女宮」從此就消失了。

馬丘比丘古城遺址

馬丘比丘遺址位於祕魯安第斯山脈東南部海拔兩千七百多公尺的高山之巔，距古都庫斯科城約一百二十公里。「馬丘比丘」，在印加語中是「古老的山巔」的意思。「馬丘比丘」是考古學家們取的名字，因為它所在的群山之間就有一座山名叫馬丘比丘；又因為它高踞山巔，隱藏於雲靄之中，因而又被稱為「消逝在雲霧中的城市」。

偶然發現馬丘比丘

馬丘比丘城建於印加帝國鼎盛時期，即於大約六世紀或更早的時候修建的。西元一五三二年，西班牙人攻占並洗劫祕魯時，他們忽略了馬丘比丘及其附近的城市，此後便逐漸被人們遺忘。直到一九一一年冬季的一天，耶魯大學的年輕考古學家海拉姆．賓厄姆（Hiram Bingham）在偶然之中發現了它。

一九一一年，海拉姆．賓厄姆組織了一支探險考察隊，勘查祕魯境內的安第斯山脈。他此行考察的目的，是要尋找西班牙人占領印加之後印加人退守的最後一個城堡——比爾卡班巴(Vilcabamba)。經過數月的搜尋，考察隊沒有發現任何線索，同行的人都感到懊惱不已，但海拉姆堅持再試一試。

七月二十四日，賓厄姆一行艱難地行走在祕魯的庫斯科城西北的安第斯山上。這裡地形極為陡峭，烏拉巴姆河河谷兩岸的高峰聳立達一點八萬英尺，陡峭的山間小道籠罩在雲霧之中，路面岩石濕滑，荊棘叢生。

七月二十八日晚，考古探險隊投宿在一個小旅店時，海拉姆．賓厄姆在不經意間聽到店主向人們講述，說不遠處的一座山脊高處有些印加人的廢墟遺址。海拉姆聽後，興奮不已，立刻說服店主帶他前往。

海拉姆．賓厄姆在旅店老闆的帶領下，艱難地爬過了烏拉巴姆河上一座又濕又滑的橋梁，然後又沿著陡峭潮濕、毒蛇出沒的小徑向上爬行了一段，最後到達了一個山脊頂端。在山脊的入口處，他們看到了一座宏偉的古城。海拉姆不能確定這是不是就是他出來尋找的目標比爾卡班巴，但他確信自己發現的這座古城遺址絕不比比爾卡班巴遜色。

海拉姆．賓厄姆發現的，正是古印加文明的城市遺址——馬丘比丘。這座滅亡幾個世紀後從

未被人發現過的「被白雲和森林覆蓋」的城市，在二十世紀初終於被揭開了神祕的面紗。

馬丘比丘的輝煌

馬丘比丘古城遺址，距印加帝國都城庫斯科一百二十公里左右，建在距烏魯班巴河面兩千四百公尺高的山脊上，全城面積約九萬平方公尺。智利著名詩人聶魯達（Pablo Neruda）曾在他的長詩〈馬丘比丘之巔〉中寫道：「我看見石砌的古老建築物鑲嵌在青翠的安第斯高峰之間，激流自風雨侵蝕了幾百年的城堡奔騰下泄……」

據推測，馬丘比丘建於十五世紀印加帝國開始擴張的帕查庫特克統治時期，古城三面都是陡峭的懸崖，只有南面的山脊上有一條供人來往的通道，所以有人猜測它是一處軍事要塞。

但是，考古學家在馬丘比丘並沒有發現任何用於軍事目的的建築物和有關的實物證據；同時他們認為，在西班牙人到來前，印加帝國正處在強盛時期，根本不用防範他們，就算遭到西班牙人的進攻，馬丘比丘也極易受到圍困而成為孤城，因此軍事要塞之說顯然不成立。

儘管古城中宮殿、神殿、祭壇、廣場、街道、水道、倉庫等一應俱全，但嚴格說來，馬丘比丘還算不上一座真正的城市，因為馬丘比丘占地不足十平方公里。據估計，當時僅有一千多人居住在此，所以學者們更傾向於馬丘比丘是個宗教中心。印加人一直自稱「太陽的子孫」，因此他們需要在一個離太陽最近的地方修建神殿，舉行祭祀活動。於是這塊高山之巔的鞍形平地，就成了他們最好的選擇。

曾經居住在馬丘比丘的人，大多是祭司和一些普通的神職人員，他們負責看守寺廟和祭壇；而多數居住在庫斯科和其他城市的印加居民，只有在舉行祭祀活動時才會來到這裡。考古學家在馬丘比丘發現了一些人類頭骨，絕大多數都是女性，考古學家據此推斷，印加人將那些從全國各地徵選而來的「太陽貞女」集中在馬丘比丘，並在大型祭祀典禮上將她們作為祭禮獻給太陽神。

馬丘比丘的中心位置是一個很大的廣場，被稱為「神聖廣場」。這裡地勢平坦，舉目四望，古城全貌一覽無餘。在廣場北側，矗立著一座高大的白色花崗岩三面建築；廣場東側是一座三面神殿，三個不規則的四邊形窗戶朝向初升的太陽，旁邊還有同樣大小的暗窗，推測是當時用以供奉神像的，類似於神龕。

在馬丘比丘的東南側，印加人還建造了兩座雄偉壯觀的建築——一座半圓形的塔和一幢與之毗連的多層建築。後來，祕魯人將這兩座相連的建築看作一個複合體，稱之為「埃爾——托雷翁」，即「堡壘」的意思。但是，它們的用途也與軍事無關，只可能是宗教建築。半圓塔的下面是一間洞室，可能是用來舉行宗教儀式的，塔上還有一個不規則的多邊形視窗，從這裡可以俯瞰安第斯山脈幽深的峽谷，還可以作為天文觀測臺。而與之相連的多層建築，則被認為是一座神殿，用以供奉太陽神像。神殿的牆全部是用打磨平整的花崗岩直接疊砌而成，非常堅實牢固。幾個世紀以來，地震和山洪都沒有對馬丘比丘古城造成絲毫的損壞。

儘管印加人了解圓形，但卻並不把它運用在建築當中。建築用的龐大數量石塊究竟是如何搬運過來的？這至今仍是個謎團。此外，雖然印加人不使用圓形，但卻利用了斜坡。據推測，他們可能是成千上萬的工人推著石塊爬上斜坡的。可惜印加人並未掌握文字的技巧，因此也沒有留下任何描述文字，使得我們今天只能推斷曾經發生的一切。

印加人的奇特記事方式

印加文明是一種比較成熟的文明型態，在農業、政治體制等方面都較為完備。但遺憾的是，他們還沒有自己的文字，因此用棉線和畜毛結繩記數或者記事，並稱這些繩結為「奇普」。而印加人的歷史，則完全靠一代代印加人口耳相傳。十六世紀，西班牙殖民者入侵印加後，只發現了結繩記事這一種奇怪的交流方式，沒有發現任何文字記載。因此，這也給後人深入了解他們的歷史文化帶來了很大的困難。

印加人記事的繩結都是用棉線、駱駝或羊駝毛線製成的，由一根主繩串著上千根副繩組成。主繩通常直徑為零點五~零點七公分，上面繫著很多細一些的副繩，一般都超過一百條，有時甚至多達兩千條。每根副繩上都結有一串令人眼花撩亂的繩結，副繩上又掛著第二層或第三層更多的副繩，編織形式類似蓑衣。

目前，在印加遺址中共發現大約七百多個奇普（Khipu），大多數都是西元前一千四百年到一千五百年間結繩，其中也有一部分只有一千年的歷史，還有很多奇普在當年西班牙人入侵時被燒毀了。

最初科學界認為這些繩子只是一種幫助記憶的設備，一種個人化的記憶輔助工具，沒有任何統一的含義。直到一九二三年，科學史學家利蘭．洛克（Leland Locke）認為，這些奇普代表著計算的結果。洛克發現，表示數字的奇普是水平的，使用的是十進位，在每一根繩子最底層的結代表個位，其他較高層次的繩結則依次代表了十進位的十位、百位、千位等。他認為，奇普如同一種由繩索編制成的算術工具，而它們的結就像算盤珠一樣，可以保存計算結果。

後來，哈佛大學考古專家格里．烏爾頓（Gary Urton）透過電腦對這些結繩進行分析研究，又提出了更加令人吃驚的消息：奇普其實是一種立體書寫形式，其中蘊含著印加帝國版圖內所有行政區劃的財政資訊。如果奇普只是為了說明主人記住數字，它根本沒必要這麼複雜；而現在發現的奇普比一般的結繩記事要複雜得多，因此它一定是提供了多維度的資訊。

二〇〇三年，烏爾頓在其著作《印加奇普中的符號》（*Signs of the Inka Khipu*）一書中，第一次系統地將印加奇普分解為多種重要元素。他大膽假設，奇普製造者利用繩子本身旋轉和編織的特性，規定了一系列不同的二進位涵義，包括材料的種類、旋轉和編織的方向、垂帶繫在主軸上的方向、繩結本身的方向等。烏爾頓認為，奇普不僅僅是計數，更是印加王國的歷史資訊「儲存」間，它更像一部史書，記載著這個王國昔日的勞作與收成。

新知博覽——蒂亞瓦納科

蒂亞瓦納科（Tiwanaku）也是印第安古文化的遺址，位於的的喀喀湖以南約二十公里處，海拔三千五百公尺。

蒂亞瓦納科在古印第安語中是「創世中心」的意思，大批的宗教建築、繪畫雕刻及先進的古印第安文化都集中在此，而五到九世紀期間，是蒂亞瓦納科的鼎盛時期。

蒂亞瓦納科遺址主要由四部分組成：一是阿卡帕納金字塔（Akapana Pyramid），也是遺址中最長的建築；二是卡拉薩薩亞神殿（Kalasasaya Temple），是蒂亞瓦納科人舉行宗教儀式的場所；三是太陽門（The Gate of Sun），也是該遺址中最著名的古蹟，由一整塊巨大的安山岩雕鑿而成，門框上下左右均布滿了輪廓清晰、刀法雄健的石雕神像和各種花紋，門上端正中部分還有一個維拉科查太陽神像的浮雕；四是位於一座巨大的庭院中央的石墓宮地墓。

西元四〇〇年，玻利維亞人在的的喀喀湖邊建造了蒂亞瓦納科古城，並且很快將其發展為一座繁華的城市。蒂亞瓦納科人在這裡修建了許多建築，至今遺址上的金字塔和城牆還緊密地排列著大量雕刻精美的石頭。據考證，曾經有三萬到四萬人居住在這座曾經生機勃勃的古城內外。但不幸的是，現代人對蒂亞瓦納科古城當時的手工業、食品貯藏系統、美洲駝隊和獨創的蒂亞瓦納科式捕魚法等，都所知甚少。

電子書購買

國家圖書館出版品預行編目資料

遠距考古課：不熱、不累、不出門，宅宅的古文明遊玩攻略 / 陳深名著 . -- 第一版 . -- 臺北市：崧燁文化事業有限公司 , 2021.09

面； 公分

POD 版

ISBN 978-986-516-776-9(平裝)

1. 文明史 2. 古代史

713.1 110011707

遠距考古課：不熱、不累、不出門，宅宅的古文明遊玩攻略

臉書

作　　者：陳深名

編　　輯：簡敬容

發 行 人：黃振庭

出 版 者：崧燁文化事業有限公司

發 行 者：崧燁文化事業有限公司

E-mail：sonbookservice@gmail.com

粉 絲 頁：https://www.facebook.com/sonbookss/

網　　址：https://sonbook.net/

地　　址：台北市中正區重慶南路一段六十一號八樓 815 室

Rm. 815, 8F., No.61, Sec. 1, Chongqing S. Rd., Zhongzheng Dist., Taipei City 100, Taiwan (R.O.C)

電　　話：(02)2370-3310　　**傳　　真**：(02) 2388-1990

印　　刷：京峯彩色印刷有限公司（京峰數位）

定　　價：380 元

發行日期：2021 年 09 月第一版

◎本書以 POD 印製